Exotische Aromen
Authentische Asiatische Küche zum Verlieben

Mei Chen

Inhaltsverzeichnis

Einführung *10*
  Würzig geschmortes Schweinefleisch *11*
  Gedämpfte Brötchen mit Schweinefleisch *12*
  Schweinefleisch mit Kohl *14*
  Schweinefleisch mit Kohl und Tomaten *16*
  Mariniertes Schweinefleisch mit Kohl *17*
  Schweinefleisch mit Sellerie *19*
  Schweinefleisch mit Kastanien und Pilzen *20*
  Schweinekotelett Suey *21*
  Schweinefleisch Chow Mein *22*
  Schweinebraten Chow Mein *24*
  Schweinefleisch mit Chutney *25*
  Schweinefleisch mit Gurke *26*
  Knusprige Schweinefleisch-Päckchen *27*
  Schweinefleisch Eierbrötchen *28*
  Eierbrötchen mit Schweinefleisch und Garnelen *29*
  Geschmortes Schweinefleisch mit Eiern *31*
  Feuriges Schweinefleisch *32*
  Frittiertes Schweinefilet *33*
  Schweinefleisch mit fünf Gewürzen *34*
  Geschmortes duftendes Schweinefleisch *35*
  Schweinefleisch mit gehacktem Knoblauch *36*
  Gebratenes Schweinefleisch mit Ingwer *37*
  Schweinefleisch mit grünen Bohnen *38*
  Schweinefleisch mit Schinken und Tofu *39*
  Gebratene Schweinefleisch-Kebabs *41*
  Geschmorte Schweinshaxe in roter Soße *42*
  Mariniertes Schweinefleisch *44*
  Marinierte Schweinekoteletts *45*
  Schweinefleisch mit Pilzen *46*
  Gedämpfter Fleischkuchen *47*
  Rot gekochtes Schweinefleisch mit Pilzen *48*

Schweinefleisch mit Nudelpfannkuchen 49
Schweinefleisch und Garnelen mit Nudelpfannkuchen 50
Schweinefleisch mit Austernsauce 51
Schweinefleisch mit Erdnüssen 52
Schweinefleisch mit Paprika 54
Würziges Schweinefleisch mit Essiggurken 55
Schweinefleisch mit Pflaumensauce 57
Schweinefleisch mit Garnelen 58
Rot gekochtes Schweinefleisch 59
Schweinefleisch in roter Soße 60
Schweinefleisch mit Reisnudeln 62
Reichhaltige Schweinebällchen 64
Gebratene Schweinekoteletts 65
Gewürztes Schweinefleisch 66
Glatte Schweinefleischscheiben 67
Schweinefleisch mit Spinat und Karotten 68
Gedämpftes Schweinefleisch 69
Gebratenes Schweinefleisch 70
Schweinefleisch mit Süßkartoffeln 71
Schweinefleisch süß-sauer 72
Herzhaftes Schweinefleisch 73
Schweinefleisch mit Tofu 74
Zart gebratenes Schweinefleisch 75
Zweimal gekochtes Schweinefleisch 76
Schweinefleisch mit Gemüse 77
Schweinefleisch mit Walnüssen 78
Wan-Tan aus Schweinefleisch 79
Schweinefleisch mit Wasserkastanien 80
Wan Tans mit Schweinefleisch und Garnelen 81
Gedämpfte Hackfleischbällchen 82
Spareribs mit schwarzer Bohnensauce 83
Gegrillte Spareribs 84
Spareribs aus gegrilltem Ahorn 85
Frittierte Spareribs 86
Spareribs mit Lauch 87
Spare Ribs mit Pilzen 89

Spareribs mit Orange	90
Ananas-Spare-Ribs	91
Knusprige Garnelen Spareribs	92
Spareribs mit Reiswein	93
Spare Ribs mit Sesam	94
Süß-saure Spareribs	95
Sautierte Spareribs	97
Spareribs mit Tomate	98
Barbecue-Schweinebraten	99
Kaltes Schweinefleisch mit Senf	100
Chinesischer Schweinebraten	101
Schweinefleisch mit Spinat	102
Frittierte Schweinebällchen	103
Eierbrötchen mit Schweinefleisch und Garnelen	104
Gedünstetes Hackfleisch	105
Frittiertes Schweinefleisch mit Krebsfleisch	106
Schweinefleisch mit Sojasprossen	107
Betrunkenes Schweinefleisch	108
Gedämpfte Schweinekeule	109
Gebratener Schweinebraten mit Gemüse	111
Zweimal gekochtes Schweinefleisch	113
Schweinenieren mit Zuckerschoten	113
Rotgekochter Schinken mit Kastanien	115
Frittierte Schinken- und Eierbällchen	115
Schinken und Ananas	116
Schinken und Spinatpfanne	117
Huhn mit Bambussprossen	119
Gedämpfter Schinken	120
Speck mit Kohl	121
Mandel-Huhn	122
Hühnchen mit Mandeln und Wasserkastanien	124
Hühnchen mit Mandeln und Gemüse	125
Anis-Huhn	126
Hähnchen mit Aprikosen	128
Huhn mit Spargel	129
Huhn mit Auberginen	130

Huhn in Schinkenhülle	131
Huhn mit Sojasprossen	132
Hühnchen mit schwarzer Bohnensauce	133
Huhn mit Brokkoli	134
Huhn mit Kohl und Erdnüssen	135
Hähnchen mit Cashewnüssen	136
Huhn mit Kastanien	138
Scharfes Chili-Huhn	139
Gebratenes Hähnchen mit Chili	140
Hähnchen Chop Suey	142
Huhn Chow Mein	143
Knusprig gebratenes Gewürzhuhn	145
Gebratenes Hähnchen mit Gurke	146
Chili-Chicken-Curry	148
Chinesisches Hühnchen-Curry	149
Schnelles Curry-Huhn	150
Curryhuhn mit Kartoffeln	151
Frittierte Hähnchenschenkel	152
Frittiertes Hähnchen mit Currysauce	153
Betrunkenes Huhn	154
Pikantes Huhn mit Eiern	156
Hühnereierbrötchen	157
Geschmortes Huhn mit Eiern	159
Fernöstliches Huhn	161
Huhn Foo Yung	162
Schinken und Huhn Foo Yung	164
Frittiertes Hähnchen mit Ingwer	165
Ingwer-Huhn	166
Ingwerhuhn mit Pilzen und Kastanien	167
Goldenes Huhn	168
Marinierter goldener Hühnereintopf	169
Goldene Münzen	171
Gedünstetes Hähnchen mit Schinken	172
Hühnchen mit Hoisin-Sauce	173
Honig Huhn	174
Kung Pao Hühnerfleisch	175

Huhn mit Lauch *176*
Zitronenhähnchen *177*
Zitronen-Hähnchenpfanne *179*
Hühnerleber mit Bambussprossen *180*
Frittierte Hühnerleber *181*
Hühnerleber mit Zuckerschoten *182*
Hühnerleber mit Nudelpfannkuchen *183*
Hühnerleber mit Austernsauce *184*
Hühnerleber mit Ananas *185*
Süß-saure Hühnerleber *186*
Huhn mit Litschis *187*
Hühnchen mit Litschi-Sauce *188*
Huhn mit Zuckerschoten *189*
Hähnchen mit Mangos *190*
Mit Hühnchen gefüllte Melone *192*
Hähnchen-Pilz-Pfanne *193*
Hühnchen mit Champignons und Erdnüssen *194*
Gebratenes Hähnchen mit Pilzen *196*
Gedünstetes Hähnchen mit Pilzen *197*
Huhn mit Zwiebeln *198*
Orangen- und Zitronenhähnchen *199*
Hühnchen mit Austernsauce *200*
Hühnerpakete *201*
Hähnchen mit Erdnüssen *202*
Huhn mit Erdnussbutter *203*
Huhn mit Erbsen *204*
Peking-Huhn *205*
Huhn mit Paprika *206*
Gebratenes Hähnchen mit Paprika *208*
Huhn und Ananas *210*
Hähnchen mit Ananas und Litschis *211*
Huhn mit Schweinefleisch *212*
Geschmortes Hähnchen mit Kartoffeln *213*
Fünf-Gewürze-Huhn mit Kartoffeln *214*
Rot gekochtes Huhn *215*
Hühnerfrikadellen *216*

Herzhaftes Huhn 217
Huhn in Sesamöl 218
Sherry-Huhn 219
Hähnchen mit Sojasauce 220
Würzig gebackenes Hähnchen 221
Huhn mit Spinat 222
Hähnchen-Frühlingsrollen 223

Einführung

Jeder, der gerne kocht, experimentiert gerne mit neuen Gerichten und neuen Geschmackserlebnissen. Die chinesische Küche ist in den letzten Jahren sehr beliebt geworden, weil sie eine Vielzahl von Geschmacksrichtungen bietet, die man genießen kann. Die meisten Gerichte werden auf dem Herd zubereitet, und viele sind schnell zubereitet und gekocht, sodass sie ideal für den vielbeschäftigten Koch sind, der ein appetitliches und attraktives Gericht zubereiten möchte, wenn nur wenig Zeit übrig ist. Wenn Sie die chinesische Küche wirklich mögen, haben Sie wahrscheinlich bereits einen Wok, und dies ist das perfekte Utensil, um die meisten Gerichte in dem Buch zuzubereiten. Wenn Sie noch nicht überzeugt sind, dass diese Art des Kochens etwas für Sie ist, verwenden Sie eine gute Bratpfanne oder einen Topf, um die Rezepte auszuprobieren. Wenn Sie feststellen, wie einfach sie zuzubereiten und wie lecker sie sind, werden Sie mit ziemlicher Sicherheit in einen Wok für Ihre Küche investieren wollen.

Würzig geschmortes Schweinefleisch

Serviert 4

450 g Schweinefleisch, gewürfelt
Salz und Pfeffer
30 ml/2 EL Sojasauce
30 ml/2 EL Hoisinsauce
45 ml/3 EL Erdnussöl (Erdnussöl).
120 ml/4 fl oz/½ Tasse Reiswein oder trockener Sherry
300 ml/½ Pt/1¼ Tassen Hühnerbrühe
5 ml/1 TL Fünf-Gewürze-Pulver
6 Frühlingszwiebeln (Frühlingszwiebeln), gehackt
225 g/8 oz Austernpilze, in Scheiben geschnitten
15 ml/1 EL Speisestärke (Maisstärke)

Das Fleisch mit Salz und Pfeffer würzen. In eine Schüssel geben und Sojasauce und Hoisinsauce untermischen. Zugedeckt 1 Stunde marinieren lassen. Das Öl erhitzen und das Fleisch unter Rühren goldbraun braten. Wein oder Sherry, Brühe und Fünf-Gewürze-Pulver zugeben, aufkochen, zugedeckt 1 Stunde köcheln lassen. Frühlingszwiebeln und Champignons zugeben, Deckel abnehmen und weitere 4 Minuten köcheln lassen. Maizena mit etwas Wasser verrühren, wieder aufkochen und unter Rühren 3 Minuten köcheln lassen, bis die Sauce eindickt.

Gedämpfte Brötchen mit Schweinefleisch

Macht 12

30 ml/2 EL Hoisinsauce

15 ml/1 EL Austernsauce

15 ml/1 EL Sojasauce

2,5 ml/½ TL Sesamöl

30 ml/2 EL Erdnussöl (Erdnussöl).

10 ml/2 TL geriebene Ingwerwurzel

1 Knoblauchzehe, zerdrückt

300 ml/½ pt/1¼ Tassen Wasser

15 ml/1 EL Speisestärke (Maisstärke)

225 g gekochtes Schweinefleisch, fein gehackt

4 Frühlingszwiebeln (Frühlingszwiebeln), fein gehackt

350 g/12 oz/3 Tassen einfaches (Allzweck-)Mehl

15 ml/1 EL Backpulver

2,5 ml/½ TL Salz

50 g Schmalz

5 ml/1 TL Weinessig

12 x 13 cm/5 in Pergamentpapierquadraten

Mischen Sie die Hoisin-, Austern- und Sojasauce und das Sesamöl. Öl erhitzen und Ingwer und Knoblauch anbraten, bis sie leicht gebräunt sind. Die Saucenmischung zugeben und 2

Minuten braten. Mischen Sie 120 ml/4 fl oz/½ Tasse des Wassers mit der Speisestärke und rühren Sie es in die Pfanne. Unter Rühren zum Kochen bringen, dann köcheln lassen, bis die Mischung eindickt. Schweinefleisch und Zwiebeln unterrühren und abkühlen lassen.

Mehl, Backpulver und Salz mischen. Reiben Sie das Schmalz ein, bis die Mischung feinen Semmelbröseln ähnelt. Weinessig und restliches Wasser verrühren, dann mit dem Mehl zu einem festen Teig verkneten. Auf einer bemehlten Arbeitsfläche leicht durchkneten, dann abgedeckt 20 Minuten ruhen lassen.

Den Teig erneut durchkneten, dann in 12 Teile teilen und jedes zu einer Kugel formen. Auf einer bemehlten Arbeitsfläche 15 cm/6 Kreise ausrollen. Geben Sie einen Löffel Füllung in die Mitte jedes Kreises, bestreichen Sie die Ränder mit Wasser und drücken Sie die Ränder zusammen, um die Füllung zu versiegeln. Bürsten Sie eine Seite jedes Pergamentpapierquadrats mit Öl. Legen Sie jedes Brötchen mit der Naht nach unten auf ein Quadrat Papier. Legen Sie die Brötchen in einer einzigen Schicht auf ein Dampfgargestell über kochendem Wasser. Decken Sie die Brötchen ab und dämpfen Sie sie etwa 20 Minuten lang, bis sie gar sind.

Schweinefleisch mit Kohl

Serviert 4

6 getrocknete chinesische Pilze
30 ml/2 EL Erdnussöl (Erdnussöl).
450 g Schweinefleisch, in Streifen geschnitten
2 Zwiebeln, in Scheiben geschnitten
2 rote Paprika, in Streifen geschnitten
350 g Weißkohl, geraspelt
2 Knoblauchzehen, gehackt
2 Stück Stängel Ingwer, gehackt
30 ml/2 EL Honig
45 ml/3 EL Sojasauce
120 ml/4 fl oz/½ Tasse trockener Weißwein
Salz und Pfeffer
10 ml/2 TL Speisestärke (Maisstärke)
15 ml/1 EL Wasser

Die Pilze 30 Minuten in warmem Wasser einweichen und dann abgießen. Entsorgen Sie die Stiele und schneiden Sie die Kappen in Scheiben. Das Öl erhitzen und das Schweinefleisch anbraten, bis es leicht gebräunt ist. Gemüse, Knoblauch und Ingwer dazugeben und 1 Minute unter Rühren braten. Honig, Sojasauce und Wein zugeben, aufkochen, zugedeckt 40 Minuten köcheln lassen, bis das Fleisch gar ist. Mit Salz und Pfeffer würzen. Speisestärke und Wasser vermischen und in die Pfanne geben. Unter ständigem Rühren kurz aufkochen, dann 1 Minute köcheln lassen.

Schweinefleisch mit Kohl und Tomaten

Serviert 4

30 ml/2 EL Erdnussöl (Erdnussöl).
450 g mageres Schweinefleisch, in Streifen geschnitten
Salz und frisch gemahlener Pfeffer
1 Knoblauchzehe, zerdrückt
1 Zwiebel, fein gehackt
½ Kohl, geraspelt
450 g Tomaten, gehäutet und geviertelt
250 ml/8 fl oz/1 Tasse Brühe
30 ml/2 EL Speisestärke (Maisstärke)
15 ml/1 EL Sojasauce
60 ml/4 EL Wasser

Das Öl erhitzen und das Schweinefleisch, Salz, Pfeffer, Knoblauch und Zwiebel anbraten, bis es leicht gebräunt ist. Kohl, Tomaten und Brühe zugeben, aufkochen, zugedeckt 10 Minuten köcheln lassen, bis der Kohl gerade noch weich ist. Speisestärke, Sojasauce und Wasser zu einer Paste verrühren, in die Pfanne rühren und unter Rühren köcheln lassen, bis die Sauce klar und dickflüssig ist.

Mariniertes Schweinefleisch mit Kohl

Serviert 4

350 g Schweinebauch

2 Frühlingszwiebeln (Frühlingszwiebeln), gehackt

1 Scheibe Ingwerwurzel, gehackt

1 Stange Zimt

3 Nelken Sternanis

45 ml/3 EL brauner Zucker

600 ml/1 pt/2½ Tassen Wasser

15 ml/1 EL Erdnussöl (Erdnussöl).

15 ml/1 EL Sojasauce

5 ml/1 TL Tomatenpüree (Paste)

5 ml/1 TL Austernsauce

100 g Chinakohlherzen

100 g Pak-Choi

Das Schweinefleisch in 10 cm große Stücke schneiden und in eine Schüssel geben. Frühlingszwiebeln, Ingwer, Zimt, Sternanis, Zucker und Wasser dazugeben und 40 Minuten ziehen lassen. Das Öl erhitzen, das Schweinefleisch aus der Marinade heben und in die Pfanne geben. Braten, bis sie leicht gebräunt sind, dann die Sojasauce, das Tomatenpüree und die Austernsauce hinzufügen. Zum Kochen bringen und ca. 30 Minuten köcheln lassen, bis das Schweinefleisch zart und die Flüssigkeit reduziert ist, ggf. während des Kochens etwas mehr Wasser zugeben.

In der Zwischenzeit Kohlherzen und Pak Choi über kochendem Wasser etwa 10 Minuten dämpfen, bis sie weich sind. Auf einer vorgewärmten Servierplatte anrichten, mit dem Schweinefleisch belegen und mit der Soße beträufeln.

Schweinefleisch mit Sellerie

Serviert 4

45 ml/3 EL Erdnussöl (Erdnussöl).
1 Knoblauchzehe, zerdrückt
1 Frühlingszwiebel (Zwiebel), gehackt
1 Scheibe Ingwerwurzel, gehackt
225 g mageres Schweinefleisch, in Streifen geschnitten
100 g/4 oz Sellerie, in dünne Scheiben geschnitten
45 ml/3 EL Sojasauce
15 ml/1 EL Reiswein oder trockener Sherry
5 ml/1 TL Speisestärke (Maisstärke)

Öl erhitzen und Knoblauch, Frühlingszwiebel und Ingwer anbraten, bis sie leicht gebräunt sind. Fügen Sie das Schweinefleisch hinzu und braten Sie es 10 Minuten lang, bis es goldbraun ist. Sellerie dazugeben und 3 Minuten braten. Die restlichen Zutaten hinzufügen und 3 Minuten unter Rühren braten.

Schweinefleisch mit Kastanien und Pilzen

Serviert 4

4 getrocknete chinesische Pilze
100 g/4 oz/1 Tasse Kastanien
30 ml/2 EL Erdnussöl (Erdnussöl).
2,5 ml/½ TL Salz
450 g mageres Schweinefleisch, gewürfelt
15 ml/1 EL Sojasauce
375 ml/13 fl oz/1½ Tassen Hühnerbrühe
100 g Wasserkastanien, in Scheiben geschnitten

Die Pilze 30 Minuten in warmem Wasser einweichen und dann abgießen. Entsorgen Sie die Stiele und halbieren Sie die Kappen. Die Kastanien 1 Minute in kochendem Wasser blanchieren und dann abgießen. Öl und Salz erhitzen und das Schweinefleisch darin anbraten, bis es leicht gebräunt ist. Die Sojasauce hinzugeben und 1 Minute unter Rühren braten. Brühe zugeben und zum Kochen bringen. Kastanien und Wasserkastanien zugeben, wieder aufkochen, zugedeckt ca. 1½ Stunden köcheln lassen, bis das Fleisch weich ist.

Schweinekotelett Suey

Serviert 4

100 g Bambussprossen, in Streifen geschnitten
100 g Wasserkastanien, in dünne Scheiben geschnitten
60 ml/4 EL Erdnussöl (Erdnussöl).
3 Frühlingszwiebeln (Schalenzwiebeln), gehackt
2 Knoblauchzehen, zerdrückt
1 Scheibe Ingwerwurzel, gehackt
225 g mageres Schweinefleisch, in Streifen geschnitten
45 ml/3 EL Sojasauce
15 ml/1 EL Reiswein oder trockener Sherry
5 ml/1 TL Salz
5 ml/1 TL Zucker
frisch gemahlener Pfeffer
15 ml/1 EL Speisestärke (Maisstärke)

Die Bambussprossen und Wasserkastanien 2 Minuten in kochendem Wasser blanchieren, dann abtropfen lassen und trocken tupfen. 45 ml/3 EL Öl erhitzen und Frühlingszwiebeln, Knoblauch und Ingwer anbraten, bis sie leicht gebräunt sind. Das

Schweinefleisch dazugeben und 4 Minuten unter Rühren braten. Aus der Pfanne nehmen.

Das restliche Öl erhitzen und das Gemüse 3 Minuten unter Rühren braten. Schweinefleisch, Sojasauce, Wein oder Sherry, Salz, Zucker und eine Prise Pfeffer hinzugeben und 4 Minuten unter Rühren braten. Speisestärke mit etwas Wasser verrühren, in die Pfanne rühren und unter Rühren köcheln lassen, bis die Sauce klar und eingedickt ist.

Schweinefleisch Chow Mein

Serviert 4

4 getrocknete chinesische Pilze

30 ml/2 EL Erdnussöl (Erdnussöl).

2,5 ml/½ TL Salz

4 Frühlingszwiebeln (Frühlingszwiebeln), gehackt

225 g mageres Schweinefleisch, in Streifen geschnitten

15 ml/1 EL Sojasauce

5 ml/1 TL Zucker

3 Stangen Sellerie, gehackt

1 Zwiebel, in Spalten geschnitten

100 g Champignons, halbiert
120 ml/4 fl oz/½ Tasse Hühnerbrühe
weich gebratene Nudeln

Die Pilze 30 Minuten in warmem Wasser einweichen und dann abgießen. Entsorgen Sie die Stiele und schneiden Sie die Kappen in Scheiben. Öl und Salz erhitzen und die Frühlingszwiebeln glasig dünsten. Fügen Sie das Schweinefleisch hinzu und braten Sie es, bis es leicht gebräunt ist. Sojasauce, Zucker, Sellerie, Zwiebel und sowohl frische als auch getrocknete Pilze untermischen und ca. 4 Minuten unter Rühren braten, bis die Zutaten gut vermischt sind. Brühe hinzugeben und 3 Minuten köcheln lassen. Die Hälfte der Nudeln in die Pfanne geben und vorsichtig umrühren, dann die restlichen Nudeln hinzufügen und umrühren, bis sie durchgewärmt sind.

Schweinebraten Chow Mein

Serviert 4

100 g Sojasprossen

45 ml/3 EL Erdnussöl (Erdnussöl).

100 g Chinakohl, geraspelt

225 g Schweinebraten, in Scheiben geschnitten

5 ml/1 TL Salz

15 ml/1 EL Reiswein oder trockener Sherry

Die Sojasprossen 4 Minuten in kochendem Wasser blanchieren und dann abgießen. Das Öl erhitzen und die Sojasprossen und den Kohl unter Rühren braten, bis sie gerade weich sind. Schweinefleisch, Salz und Sherry dazugeben und unter Rühren braten, bis es durchgewärmt ist. Die Hälfte der abgetropften Nudeln in die Pfanne geben und vorsichtig umrühren, bis sie durchgewärmt sind. Fügen Sie die restlichen Nudeln hinzu und rühren Sie, bis sie durchgewärmt sind.

Schweinefleisch mit Chutney

Serviert 4

5 ml/1 TL Fünf-Gewürze-Pulver

5 ml/1 TL Currypulver

450 g Schweinefleisch, in Streifen geschnitten

30 ml/2 EL Erdnussöl (Erdnussöl).

6 Frühlingszwiebeln (Schalenzwiebeln), in Streifen geschnitten

1 Stange Sellerie, in Streifen geschnitten

100 g Sojasprossen

1 x 200 g/7 oz Glas Chinesische süße Gurken, gewürfelt

45 ml/3 EL Mango-Chutney

30 ml/2 EL Sojasauce

30 ml/2 EL Tomatenpüree (Paste)

150 ml/¼ Pt/großzügige ½ Tasse Hühnerbrühe

10 ml/2 TL Speisestärke (Maisstärke)

Reiben Sie die Gewürze gut in das Schweinefleisch ein. Erhitzen Sie das Öl und braten Sie das Fleisch 8 Minuten lang oder bis es gar ist. Aus der Pfanne nehmen. Das Gemüse in die Pfanne geben und 5 Minuten braten. Das Schweinefleisch mit allen restlichen Zutaten außer der Speisestärke zurück in die Pfanne geben. Rühren, bis es durchgeheizt ist. Maizena mit wenig Wasser verrühren, in die Pfanne rühren und unter Rühren köcheln lassen, bis die Sauce eindickt.

Schweinefleisch mit Gurke

Serviert 4

225 g mageres Schweinefleisch, in Streifen geschnitten

30 ml/2 EL einfaches (Allzweck-)Mehl

Salz und frisch gemahlener Pfeffer

60 ml/4 EL Erdnussöl (Erdnussöl).

225 g Gurke, geschält und in Scheiben geschnitten

30 ml/2 EL Sojasauce

Das Schweinefleisch im Mehl wenden und mit Salz und Pfeffer würzen. Das Öl erhitzen und das Schweinefleisch etwa 5 Minuten unter Rühren braten, bis es gar ist. Gurke und Sojasauce hinzugeben und weitere 4 Minuten unter Rühren braten. Überprüfe und passe die Gewürze an und serviere sie mit gebratenem Reis.

Knusprige Schweinefleisch-Päckchen

Serviert 4

4 getrocknete chinesische Pilze

30 ml/2 EL Erdnussöl (Erdnussöl).

225 g Schweinefilet, gehackt (gemahlen)

50 g geschälte Garnelen, gehackt

15 ml/1 EL Sojasauce

15 ml/1 EL Speisestärke (Maisstärke)

30 ml/2 EL Wasser

8 Frühlingsrollenblätter

100 g/4 oz/1 Tasse Maismehl (Maisstärke)

Öl zum Frittieren

Die Pilze 30 Minuten in warmem Wasser einweichen und dann abgießen. Die Stiele entfernen und die Kappen fein hacken. Das Öl erhitzen und die Pilze, das Schweinefleisch, die Garnelen und die Sojasauce 2 Minuten lang anbraten. Speisestärke und Wasser zu einer Paste verrühren und unter die Mischung rühren, um die Füllung herzustellen.

Die Wraps in Streifen schneiden, jeweils etwas Füllung auf die Enden setzen und zu Dreiecken aufrollen, mit etwas Mehl-Wasser-Mischung verschließen. Großzügig mit Speisestärke bestäuben. Das Öl erhitzen und die Dreiecke frittieren, bis sie knusprig und goldbraun sind. Vor dem Servieren gut abtropfen lassen.

Schweinefleisch Eierbrötchen

Serviert 4

225 g mageres Schweinefleisch, zerkleinert

1 Scheibe Ingwerwurzel, gehackt

1 Frühlingszwiebel, gehackt

15 ml/1 EL Sojasauce

15 ml/1 EL Wasser

12 Frühlingsrollenhäute

1 Ei, geschlagen

Öl zum Frittieren

Mischen Sie Schweinefleisch, Ingwer, Zwiebel, Sojasauce und Wasser. Etwas von der Füllung auf die Mitte jeder Haut geben und die Ränder mit verquirltem Ei bestreichen. Die Seiten einklappen, dann die Frühlingsrolle von sich weg rollen und die Ränder mit Ei versiegeln. Auf einem Rost in einem Dampfgarer 30 Minuten dämpfen, bis das Schweinefleisch gar ist. Das Öl erhitzen und einige Minuten frittieren, bis es knusprig und goldbraun ist.

Eierbrötchen mit Schweinefleisch und Garnelen

Serviert 4

30 ml/2 EL Erdnussöl (Erdnussöl).

225 g mageres Schweinefleisch, zerkleinert

6 Frühlingszwiebeln (Frühlingszwiebeln), gehackt

225 g Sojasprossen

100 g geschälte Garnelen, gehackt

15 ml/1 EL Sojasauce

2,5 ml/½ TL Salz

12 Frühlingsrollenhäute

1 Ei, geschlagen

Öl zum Frittieren

Das Öl erhitzen und das Schweinefleisch und die Frühlingszwiebeln anbraten, bis sie leicht gebräunt sind. In der Zwischenzeit die Sojasprossen 2 Minuten in kochendem Wasser blanchieren und dann abgießen. Die Sojasprossen in die Pfanne geben und 1 Minute unter Rühren braten. Garnelen, Sojasauce und Salz hinzugeben und 2 Minuten unter Rühren braten. Abkühlen lassen.

Etwas Füllung auf die Mitte jeder Haut geben und die Ränder mit verquirltem Ei bestreichen. Die Seiten einklappen, dann die Frühlingsrollen aufrollen und die Ränder mit Ei versiegeln. Das Öl erhitzen und die Frühlingsrollen frittieren, bis sie knusprig und goldbraun sind.

Geschmortes Schweinefleisch mit Eiern

Serviert 4

450 g mageres Schweinefleisch
30 ml/2 EL Erdnussöl (Erdnussöl).
1 Zwiebel, gehackt
90 ml/6 EL Sojasauce
45 ml/3 EL Reiswein oder trockener Sherry
15 ml/1 EL brauner Zucker
3 hart gekochte (hart gekochte) Eier

Einen Topf mit Wasser zum Kochen bringen, das Schweinefleisch hinzufügen, wieder zum Kochen bringen und kochen, bis es verschlossen ist. Aus der Pfanne nehmen, gut abtropfen lassen und dann in Würfel schneiden. Das Öl erhitzen und die Zwiebel braten, bis sie weich ist. Fügen Sie das Schweinefleisch hinzu und braten Sie es an, bis es leicht gebräunt ist. Sojasauce, Wein oder Sherry und Zucker einrühren, abdecken und unter gelegentlichem Rühren 30 Minuten köcheln lassen. Die Eier außen leicht einritzen, dann in die Pfanne geben, abdecken und weitere 30 Minuten köcheln lassen.

Feuriges Schweinefleisch

Serviert 4

450 g Schweinefilet, in Streifen geschnitten
30 ml/2 EL Sojasauce
30 ml/2 EL Hoisinsauce
5 ml/1 TL Fünf-Gewürze-Pulver
15 ml/1 EL Pfeffer
15 ml/1 EL brauner Zucker
15 ml/1 EL Sesamöl
30 ml/2 EL Erdnussöl (Erdnussöl).
6 Frühlingszwiebeln (Frühlingszwiebeln), gehackt
1 grüne Paprika, in Stücke geschnitten
200 g Sojasprossen
2 Scheiben Ananas, gewürfelt
45 ml/3 EL Tomatenketchup (Katsup)
150 ml/¼ Pt/großzügige ½ Tasse Hühnerbrühe

Das Fleisch in eine Schüssel geben. Sojasauce, Hoisinsauce, Fünf-Gewürze-Pulver, Pfeffer und Zucker mischen, über das Fleisch gießen und 1 Stunde marinieren lassen. Das Öl erhitzen und das Fleisch unter Rühren goldbraun braten. Aus der Pfanne nehmen. Das Gemüse zugeben und 2 Minuten braten. Ananas,

Tomatenketchup und Brühe zugeben und aufkochen. Das Fleisch wieder in die Pfanne geben und vor dem Servieren erhitzen.

Frittiertes Schweinefilet

Serviert 4

350 g Schweinefilet, gewürfelt
15 ml/1 EL Reiswein oder trockener Sherry
15 ml/1 EL Sojasauce
5 ml/1 TL Sesamöl
30 ml/2 EL Speisestärke (Maisstärke)
Öl zum Frittieren

Mischen Sie Schweinefleisch, Wein oder Sherry, Sojasauce, Sesamöl und Speisestärke, sodass das Schweinefleisch mit einem dicken Teig überzogen ist. Das Öl erhitzen und das Schweinefleisch ca. 3 Minuten knusprig frittieren. Das Schweinefleisch aus der Pfanne nehmen, das Öl erneut erhitzen und nochmals ca. 3 Minuten frittieren.

Schweinefleisch mit fünf Gewürzen

Serviert 4

225 g mageres Schweinefleisch

5 ml/1 TL Speisestärke (Maisstärke)

2,5 ml/½ TL Fünf-Gewürze-Pulver

2,5 ml/½ TL Salz

15 ml/1 EL Reiswein oder trockener Sherry

20 ml/2 EL Erdnussöl (Erdnussöl).

120 ml/4 fl oz/½ Tasse Hühnerbrühe

Das Schweinefleisch dünn gegen die Faser schneiden. Das Schweinefleisch mit Maismehl, Fünf-Gewürze-Pulver, Salz und Wein oder Sherry mischen und gut umrühren, um das Schweinefleisch zu beschichten. 30 Minuten stehen lassen, gelegentlich umrühren. Das Öl erhitzen, das Schweinefleisch dazugeben und ca. 3 Minuten unter Rühren braten. Brühe zugeben, aufkochen, zugedeckt 3 Minuten köcheln lassen. Sofort servieren.

Geschmortes duftendes Schweinefleisch

6–8 Portionen

1 Stück Mandarinenschale
45 ml/3 EL Erdnussöl (Erdnussöl).
900 g mageres Schweinefleisch, gewürfelt
250 ml/8 fl oz/1 Tasse Reiswein oder trockener Sherry
120 ml/4 fl oz/½ Tasse Sojasauce
2,5 ml/½ TL Anispulver
½ Zimtstange
4 Nelken
5 ml/1 TL Salz
250 ml/8 fl oz/1 Tasse Wasser
2 Frühlingszwiebeln (Frühlingszwiebeln), in Scheiben geschnitten
1 Scheibe Ingwerwurzel, gehackt

Weichen Sie die Mandarinenschale in Wasser ein, während Sie das Gericht zubereiten. Das Öl erhitzen und das Schweinefleisch anbraten, bis es leicht gebräunt ist. Wein oder Sherry, Sojasauce, Anispulver, Zimt, Nelken, Salz und Wasser hinzugeben. Aufkochen, Mandarinenschale, Frühlingszwiebel und Ingwer zugeben. Zugedeckt etwa 1½ Stunden köcheln lassen, bis sie weich sind, gelegentlich umrühren und bei Bedarf etwas zusätzliches kochendes Wasser hinzufügen. Vor dem Servieren die Gewürze entfernen.

Schweinefleisch mit gehacktem Knoblauch

Serviert 4

450 g Schweinebauch, enthäutet
3 Scheiben Ingwerwurzel
2 Frühlingszwiebeln (Frühlingszwiebeln), gehackt
30 ml/2 EL gehackter Knoblauch
30 ml/2 EL Sojasauce
5 ml/1 TL Salz
15 ml/1 EL Hühnerbrühe
2,5 ml/½ TL Chiliöl
4 Zweige Koriander

Das Schweinefleisch mit dem Ingwer und den Frühlingszwiebeln in eine Pfanne geben, mit Wasser bedecken, aufkochen und 30 Minuten köcheln lassen, bis es gar ist. Herausnehmen und gut abtropfen lassen, dann in dünne Scheiben von etwa 5 cm/2 im Quadrat schneiden. Ordnen Sie die Scheiben in einem Metallsieb an. Einen Topf mit Wasser zum Kochen bringen, die Schweinefleischscheiben hineingeben und 3 Minuten garen, bis sie durchgewärmt sind. Auf einer vorgewärmten Servierplatte anrichten. Knoblauch, Sojasauce, Salz, Brühe und Chiliöl mischen und über das Schweinefleisch geben. Mit Koriander garniert servieren.

Gebratenes Schweinefleisch mit Ingwer

Serviert 4

225 g mageres Schweinefleisch
5 ml/1 TL Speisestärke (Maisstärke)
30 ml/2 EL Sojasauce
30 ml/2 EL Erdnussöl (Erdnussöl).
1 Scheibe Ingwerwurzel, gehackt
1 Frühlingszwiebel (Zwiebel), in Scheiben geschnitten
45 ml/3 EL Wasser
5 ml/1 TL brauner Zucker

Das Schweinefleisch dünn gegen die Faser schneiden. In Maismehl schwenken, dann mit Sojasauce bestreuen und erneut schwenken. Das Öl erhitzen und das Schweinefleisch 2 Minuten unter Rühren braten, bis es verschlossen ist. Ingwer und Frühlingszwiebel zugeben und 1 Minute mitbraten. Wasser und Zucker zugeben, zugedeckt etwa 5 Minuten köcheln lassen, bis alles gar ist.

Schweinefleisch mit grünen Bohnen

Serviert 4

450 g grüne Bohnen, in Stücke geschnitten
30 ml/2 EL Erdnussöl (Erdnussöl).
2,5 ml/½ TL Salz
1 Scheibe Ingwerwurzel, gehackt
225 g mageres Schweinefleisch, gehackt (gemahlen)
120 ml/4 fl oz/½ Tasse Hühnerbrühe
75 ml/5 EL Wasser
2 Eier
15 ml/1 EL Speisestärke (Maisstärke)

Die Bohnen etwa 2 Minuten vorkochen und dann abgießen. Das Öl erhitzen und das Salz und den Ingwer einige Sekunden unter Rühren anbraten. Fügen Sie das Schweinefleisch hinzu und braten Sie es an, bis es leicht gebräunt ist. Fügen Sie die Bohnen hinzu und braten Sie sie 30 Sekunden lang unter Rühren an, wobei Sie sie mit dem Öl bestreichen. Brühe angießen, aufkochen, zugedeckt 2 Minuten köcheln lassen. 30 ml/2 EL Wasser mit den Eiern verquirlen und in die Pfanne rühren. Das restliche Wasser mit der Speisestärke mischen. Wenn die Eier zu stocken beginnen, die Maisstärke einrühren und kochen, bis die Mischung eindickt. Sofort servieren.

Schweinefleisch mit Schinken und Tofu

Serviert 4

4 getrocknete chinesische Pilze
5 ml/1 TL Erdnussöl (Erdnussöl).
100 g geräucherter Schinken, in Scheiben geschnitten
225 g Tofu, in Scheiben geschnitten
225 g/8 oz mageres Schweinefleisch, in Scheiben geschnitten
15 ml/1 EL Reiswein oder trockener Sherry
Salz und frisch gemahlener Pfeffer
1 Scheibe Ingwerwurzel, gehackt
1 Frühlingszwiebel (Zwiebel), gehackt
10 ml/2 TL Speisestärke (Maisstärke)
30 ml/2 EL Wasser

Die Pilze 30 Minuten in warmem Wasser einweichen und dann abgießen. Entsorgen Sie die Stiele und halbieren Sie die Kappen. Reiben Sie eine hitzebeständige Schüssel mit dem Erdnussöl (Erdnussöl) ein. Champignons, Schinken, Tofu und Schweinefleisch in Schichten in der Form anrichten, Schweinefleisch darauf legen. Mit Wein oder Sherry, Salz und Pfeffer, Ingwer und Frühlingszwiebeln bestreuen. Abdecken und auf einem Rost über kochendem Wasser etwa 45 Minuten dämpfen, bis sie gar sind. Lassen Sie die Soße aus der Schüssel ab, ohne die Zutaten zu stören. Fügen Sie genug Wasser hinzu, um 250 ml/8 fl oz/1 Tasse herzustellen. Maizena und Wasser verrühren und in die Sauce rühren. In die Schüssel geben und unter Rühren köcheln lassen, bis die Sauce klar und eindickt. Die Schweinefleischmischung auf eine vorgewärmte Servierplatte geben, die Soße darüber gießen und servieren.

Gebratene Schweinefleisch-Kebabs

Serviert 4

450 g Schweinefilet, in dünne Scheiben geschnitten

100 g gekochter Schinken, in dünne Scheiben geschnitten

6 Wasserkastanien, in dünne Scheiben geschnitten

30 ml/2 EL Sojasauce

30 ml/2 EL Weinessig

15 ml/1 EL brauner Zucker

15 ml/1 EL Austernsauce

einige Tropfen Chiliöl

45 ml/3 EL Speisestärke (Maisstärke)

30 ml/2 EL Reiswein oder trockener Sherry
2 Eier, geschlagen
Öl zum Frittieren

Schweinefleisch, Schinken und Wasserkastanien abwechselnd auf kleine Spieße stecken. Sojasauce, Weinessig, Zucker, Austernsauce und Chiliöl verrühren. Über die Kebabs gießen, abdecken und 3 Stunden im Kühlschrank marinieren lassen. Speisestärke, Wein oder Sherry und Eier zu einem glatten, dickflüssigen Teig verrühren. Drehen Sie die Kebabs im Teig, um sie zu überziehen. Das Öl erhitzen und die Spieße frittieren, bis sie hellgoldbraun sind.

Geschmorte Schweinshaxe in roter Soße

Serviert 4

1 große Schweinshaxe
1 l/1½ Pkt./4¼ Tassen kochendes Wasser
5 ml/1 TL Salz
120 ml/4 fl oz/½ Tasse Weinessig
120 ml/4 fl oz/½ Tasse Sojasauce
45 ml/3 EL Honig
5 ml/1 TL Wacholderbeeren

5 ml/1 TL Anis

5 ml/1 TL Koriander

60 ml/4 EL Erdnussöl (Erdnussöl).

6 Frühlingszwiebeln (Schalenzwiebeln), in Scheiben geschnitten

2 Karotten, in dünne Scheiben geschnitten

1 Stange Sellerie, in Scheiben geschnitten

45 ml/3 EL Hoisinsauce

30 ml/2 EL Mango-Chutney

75 ml/5 EL Tomatenpüree (Paste)

1 Knoblauchzehe, zerdrückt

60 ml/4 EL gehackter Schnittlauch

Die Schweinshaxe mit dem Wasser, Salz, Weinessig, 45 ml/3 EL Sojasauce, dem Honig und den Gewürzen aufkochen. Gemüse zugeben, wieder aufkochen, zugedeckt ca. 1½ Stunden köcheln lassen, bis das Fleisch weich ist. Fleisch und Gemüse aus der Pfanne nehmen, Fleisch vom Knochen lösen und würfeln. Das Öl erhitzen und das Fleisch goldbraun braten. Das Gemüse zugeben und 5 Minuten braten. Restliche Sojasauce, Hoisinsauce, Chutney, Tomatenpüree und Knoblauch hinzugeben. Unter Rühren zum Kochen bringen, dann 3 Minuten köcheln lassen. Mit Schnittlauch bestreut servieren.

Mariniertes Schweinefleisch

Serviert 4

450 g mageres Schweinefleisch

1 Scheibe Ingwerwurzel, gehackt

1 Knoblauchzehe, zerdrückt

90 ml/6 EL Sojasauce

15 ml/1 EL Reiswein oder trockener Sherry

45 ml/3 EL Erdnussöl (Erdnussöl).

1 Frühlingszwiebel (Zwiebel), in Scheiben geschnitten
15 ml/1 EL brauner Zucker
frisch gemahlener Pfeffer

Schweinefleisch mit Ingwer, Knoblauch, 30 ml/2 EL Sojasauce und Wein oder Sherry mischen. 30 Minuten stehen lassen, gelegentlich umrühren, dann das Fleisch aus der Marinade heben. Das Öl erhitzen und das Schweinefleisch anbraten, bis es leicht gebräunt ist. Frühlingszwiebel, Zucker, restliche Sojasauce und eine Prise Pfeffer zugeben, zugedeckt ca. 45 Minuten köcheln lassen, bis das Schweinefleisch gar ist. Das Schweinefleisch in Würfel schneiden und dann servieren.

Marinierte Schweinekoteletts

Serviert 6

6 Schweinekoteletts
1 Scheibe Ingwerwurzel, gehackt
1 Knoblauchzehe, zerdrückt
90 ml/6 EL Sojasauce

30 ml/2 EL Reiswein oder trockener Sherry

45 ml/3 EL Erdnussöl (Erdnussöl).

2 Frühlingszwiebeln (Frühlingszwiebeln), gehackt

15 ml/1 EL brauner Zucker

frisch gemahlener Pfeffer

Schneiden Sie den Knochen von den Schweinekoteletts und schneiden Sie das Fleisch in Würfel. Ingwer, Knoblauch, 30 ml/2 EL Sojasauce und Wein oder Sherry mischen, über das Schweinefleisch gießen und unter gelegentlichem Rühren 30 Minuten marinieren lassen. Das Fleisch aus der Marinade nehmen. Das Öl erhitzen und das Schweinefleisch anbraten, bis es leicht gebräunt ist. Die Frühlingszwiebeln zugeben und 1 Minute mitbraten. Die restliche Sojasauce mit dem Zucker und einer Prise Pfeffer verrühren. In die Sauce rühren, aufkochen, abdecken und etwa 30 Minuten köcheln lassen, bis das Schweinefleisch zart ist.

Schweinefleisch mit Pilzen

Serviert 4

25 g getrocknete chinesische Pilze

30 ml/2 EL Erdnussöl (Erdnussöl).

1 Knoblauchzehe, gehackt

225 g mageres Schweinefleisch, in Streifen geschnitten

4 Frühlingszwiebeln (Frühlingszwiebeln), gehackt

15 ml/1 EL Sojasauce

15 ml/1 EL Reiswein oder trockener Sherry

5 ml/1 TL Sesamöl

Die Pilze 30 Minuten in warmem Wasser einweichen und dann abgießen. Entsorgen Sie die Stiele und schneiden Sie die Kappen. Das Öl erhitzen und den Knoblauch anbraten, bis er leicht gebräunt ist. Fügen Sie das Schweinefleisch hinzu und braten Sie es an, bis es gebräunt ist. Frühlingszwiebeln, Champignons, Sojasauce und Wein oder Sherry unterrühren und 3 Minuten unter Rühren braten. Sesamöl unterrühren und sofort servieren.

Gedämpfter Fleischkuchen

Serviert 4

450 g/1 lb gehacktes (gemahlenes) Schweinefleisch

4 Wasserkastanien, fein gehackt

225 g Champignons, fein gehackt

5 ml/1 TL Sojasauce

Salz und frisch gemahlener Pfeffer
1 Ei, leicht geschlagen

Alle Zutaten gut miteinander vermischen und die Masse auf einer ofenfesten Platte zu einer flachen Torte formen. Den Teller auf einen Rost in einen Dampfgarer stellen, abdecken und 1½ Stunden dämpfen.

Rot gekochtes Schweinefleisch mit Pilzen

Serviert 4

450 g mageres Schweinefleisch, gewürfelt
250 ml/8 fl oz/1 Tasse Wasser

15 ml/1 EL Sojasauce
15 ml/1 EL Reiswein oder trockener Sherry
5 ml/1 TL Zucker
5 ml/1 TL Salz
225 g Champignons

Schweinefleisch und Wasser in einen Topf geben und das Wasser zum Kochen bringen. Zugedeckt 30 Minuten köcheln lassen, dann abgießen und die Brühe auffangen. Das Schweinefleisch wieder in die Pfanne geben und die Sojasauce hinzufügen. Bei schwacher Hitze unter Rühren köcheln lassen, bis die Sojasauce absorbiert ist. Wein oder Sherry, Zucker und Salz einrühren. Mit der aufgefangenen Brühe aufgießen, aufkochen, zugedeckt ca. 30 Minuten köcheln lassen, dabei das Fleisch gelegentlich wenden. Die Pilze zugeben und weitere 20 Minuten köcheln lassen.

Schweinefleisch mit Nudelpfannkuchen

Serviert 4

30 ml/2 EL Erdnussöl (Erdnussöl).

5 ml/2 TL Salz

225 g mageres Schweinefleisch, in Streifen geschnitten

225 g Chinakohl, geraspelt

100 g/4 oz Bambussprossen, zerkleinert

100 g Champignons, in dünne Scheiben geschnitten

150 ml/¼ Pt/großzügige ½ Tasse Hühnerbrühe

10 ml/2 TL Speisestärke (Maisstärke)

15 ml/1 EL Reiswein oder trockener Sherry

15 ml/1 EL Wasser

Nudelpfannkuchen

Das Öl erhitzen und das Salz und das Schweinefleisch darin anbraten, bis es leicht gefärbt ist. Kohl, Bambussprossen und Pilze dazugeben und 1 Minute unter Rühren braten. Brühe zugeben, aufkochen, abdecken und 4 Minuten köcheln lassen, bis das Schweinefleisch gar ist. Maizena mit Wein oder Sherry und Wasser zu einer Paste verrühren, in die Pfanne rühren und unter Rühren köcheln lassen, bis die Sauce klar und eingedickt ist. Zum Servieren über den Nudelpfannkuchen gießen.

Schweinefleisch und Garnelen mit Nudelpfannkuchen

Serviert 4

30 ml/2 EL Erdnussöl (Erdnussöl).

5 ml/1 TL Salz

4 Frühlingszwiebeln (Frühlingszwiebeln), gehackt
1 Knoblauchzehe, zerdrückt
225 g mageres Schweinefleisch, in Streifen geschnitten
100 g Champignons, in Scheiben geschnitten
4 Stangen Sellerie, in Scheiben geschnitten
225 g geschälte Garnelen
30 ml/2 EL Sojasauce
10 ml/1 TL Speisestärke (Maisstärke)
45 ml/3 EL Wasser
Nudelpfannkuchen

Öl und Salz erhitzen und Frühlingszwiebeln und Knoblauch glasig dünsten. Fügen Sie das Schweinefleisch hinzu und braten Sie es an, bis es leicht gebräunt ist. Champignons und Sellerie dazugeben und 2 Minuten unter Rühren braten. Die Garnelen hinzufügen, mit Sojasauce beträufeln und umrühren, bis sie durchgewärmt sind. Speisestärke und Wasser zu einer Paste verrühren, in die Pfanne rühren und unter Rühren köcheln lassen, bis sie heiß ist. Zum Servieren über den Nudelpfannkuchen gießen.

Schweinefleisch mit Austernsauce

Für 4–6 Portionen
450 g mageres Schweinefleisch

15 ml/1 EL Speisestärke (Maisstärke)
10 ml/2 TL Reiswein oder trockener Sherry
eine Prise Zucker
45 ml/3 EL Erdnussöl (Erdnussöl).
10 ml/2 TL Wasser
30 ml/2 EL Austernsauce
frisch gemahlener Pfeffer
1 Scheibe Ingwerwurzel, gehackt
60 ml/4 EL Hühnerbrühe

Das Schweinefleisch dünn gegen die Faser schneiden. 5 ml/1 TL Speisestärke mit Wein oder Sherry, Zucker und 5 ml/1 TL Öl verrühren, zum Schweinefleisch geben und gut umrühren, damit es benetzt ist. Die restliche Maisstärke mit dem Wasser, der Austernsauce und einer Prise Pfeffer pürieren. Das restliche Öl erhitzen und den Ingwer 1 Minute anbraten. Fügen Sie das Schweinefleisch hinzu und braten Sie es an, bis es leicht gebräunt ist. Die Brühe und die Mischung aus Wasser und Austernsauce zugeben, aufkochen, zudecken und 3 Minuten köcheln lassen.

Schweinefleisch mit Erdnüssen

Serviert 4

450 g mageres Schweinefleisch, gewürfelt
15 ml/1 EL Speisestärke (Maisstärke)

5 ml/1 TL Salz

1 Eiweiß

3 Frühlingszwiebeln (Schalenzwiebeln), gehackt

1 Knoblauchzehe, gehackt

1 Scheibe Ingwerwurzel, gehackt

45 ml/3 EL Hühnerbrühe

15 ml/1 EL Reiswein oder trockener Sherry

15 ml/1 EL Sojasauce

10 ml/2 TL schwarze Melasse

45 ml/3 EL Erdnussöl (Erdnussöl).

½ Gurke, gewürfelt

25 g/1 oz/¼ Tasse geschälte Erdnüsse

5 ml/1 TL Chiliöl

Das Schweinefleisch mit der Hälfte der Maisstärke, dem Salz und dem Eiweiß mischen und gut umrühren, um das Schweinefleisch zu bedecken. Restliche Maisstärke mit Frühlingszwiebeln, Knoblauch, Ingwer, Brühe, Wein oder Sherry, Sojasauce und Sirup mischen. Das Öl erhitzen und das Schweinefleisch unter Rühren braten, bis es leicht gebräunt ist, dann aus der Pfanne nehmen. Die Gurke in die Pfanne geben und einige Minuten anbraten. Das Schweinefleisch zurück in die Pfanne geben und leicht umrühren. Die Gewürzmischung einrühren, aufkochen und unter Rühren köcheln lassen, bis die

Sauce klar und dicklich wird. Erdnüsse und Chiliöl einrühren und vor dem Servieren erhitzen.

Schweinefleisch mit Paprika

Serviert 4

45 ml/3 EL Erdnussöl (Erdnussöl).

225 g mageres Schweinefleisch, gewürfelt

1 Zwiebel, gewürfelt

2 grüne Paprika, gewürfelt

½ Kopf chinesische Blätter, gewürfelt

1 Scheibe Ingwerwurzel, gehackt

15 ml/1 EL Sojasauce

15 ml/1 EL Zucker

2,5 ml/½ TL Salz

Das Öl erhitzen und das Schweinefleisch etwa 4 Minuten unter Rühren goldbraun braten. Die Zwiebel dazugeben und etwa 1 Minute mitdünsten. Paprika zugeben und 1 Minute mitbraten. Chinesische Blätter hinzugeben und 1 Minute unter Rühren braten. Restliche Zutaten mischen, in die Pfanne rühren und weitere 2 Minuten unter Rühren braten.

Würziges Schweinefleisch mit Essiggurken

Serviert 4

900 g Schweinekoteletts

30 ml/2 EL Speisestärke (Maisstärke)

45 ml/3 EL Sojasauce

30 ml/2 EL süßer Sherry

5 ml/1 TL geriebene Ingwerwurzel

2,5 ml/½ TL Fünf-Gewürze-Pulver

Prise frisch gemahlener Pfeffer

Öl zum Frittieren

60 ml/4 EL Hühnerbrühe

Chinesisch eingelegtes Gemüse

Schneiden Sie die Koteletts und werfen Sie alles Fett und Knochen weg. Speisestärke, 30 ml/2 EL Sojasauce, Sherry, Ingwer, Fünf-Gewürze-Pulver und Pfeffer verrühren. Über das Schweinefleisch gießen und umrühren, um es vollständig zu bedecken. Zugedeckt 2 Stunden marinieren lassen, dabei gelegentlich wenden. Das Öl erhitzen und das Schweinefleisch frittieren, bis es goldbraun und durchgegart ist. Auf Küchenpapier abtropfen lassen. Das Schweinefleisch in dicke Scheiben schneiden, auf eine vorgewärmte Servierplatte legen und warm halten. Brühe und restliche Sojasauce in einem kleinen Topf verrühren. Zum Kochen bringen und über das geschnittene Schweinefleisch gießen. Mit Mixed Pickles garniert servieren.

Schweinefleisch mit Pflaumensauce

Serviert 4

450 g Schweineschmorbraten, gewürfelt
2 Knoblauchzehen, zerdrückt
Salz
60 ml/4 EL Tomatenketchup (Katsup)
30 ml/2 EL Sojasauce
45 ml/3 EL Pflaumensauce
5 ml/1 TL Currypulver
5 ml/1 TL Paprika
2,5 ml/½ TL frisch gemahlener Pfeffer
45 ml/3 EL Erdnussöl (Erdnussöl).
6 Frühlingszwiebeln (Schalenzwiebeln), in Streifen geschnitten
4 Karotten, in Streifen geschnitten

Das Fleisch mit Knoblauch, Salz, Tomatenketchup, Sojasauce, Pflaumensauce, Currypulver, Paprika und Pfeffer 30 Minuten marinieren. Das Öl erhitzen und das Fleisch anbraten, bis es leicht gebräunt ist. Aus dem Wok nehmen. Das Gemüse in das Öl geben und braten, bis es gerade weich ist. Das Fleisch wieder in die Pfanne geben und vor dem Servieren leicht erhitzen.

Schweinefleisch mit Garnelen

6–8 Portionen

900 g mageres Schweinefleisch
30 ml/2 EL Erdnussöl (Erdnussöl).
1 Zwiebel, in Scheiben geschnitten
1 Frühlingszwiebel (Zwiebel), gehackt
2 Knoblauchzehen, zerdrückt
30 ml/2 EL Sojasauce
50 g geschälte Garnelen, gehackt
(Boden)
600 ml/1 pt/2½ Tassen kochendes Wasser
15 ml/1 EL Zucker

Einen Topf mit Wasser zum Kochen bringen, das Schweinefleisch hinzugeben, zudecken und 10 Minuten köcheln lassen. Aus der Pfanne nehmen und gut abtropfen lassen, dann in Würfel schneiden. Öl erhitzen und Zwiebel, Frühlingszwiebel und Knoblauch anbraten, bis sie leicht gebräunt sind. Fügen Sie das Schweinefleisch hinzu und braten Sie es, bis es leicht gebräunt ist. Sojasauce und Garnelen hinzugeben und 1 Minute unter Rühren braten. Das kochende Wasser und den Zucker hinzugeben und zugedeckt etwa 40 Minuten köcheln lassen, bis das Schweinefleisch zart ist.

Rot gekochtes Schweinefleisch

Serviert 4

675 g mageres Schweinefleisch, gewürfelt

250 ml/8 fl oz/1 Tasse Wasser

1 Scheibe Ingwerwurzel, zerdrückt

60 ml/4 EL Sojasauce

15 ml/1 EL Reiswein oder trockener Sherry

5 ml/1 TL Salz

10 ml/2 TL brauner Zucker

Schweinefleisch und Wasser in einen Topf geben und das Wasser zum Kochen bringen. Ingwer, Sojasauce, Sherry und Salz zugeben, zugedeckt 45 Minuten köcheln lassen. Den Zucker hinzufügen, das Fleisch wenden, zugedeckt weitere 45 Minuten köcheln lassen, bis das Schweinefleisch zart ist.

Schweinefleisch in roter Soße

Serviert 4

30 ml/2 EL Erdnussöl (Erdnussöl).

225 g Schweinenieren, in Streifen geschnitten

450 g Schweinefleisch, in Streifen geschnitten

1 Zwiebel, in Scheiben geschnitten

4 Frühlingszwiebeln (Schalenzwiebeln), in Streifen geschnitten

2 Karotten, in Streifen geschnitten

1 Stange Sellerie, in Streifen geschnitten

1 rote Paprika, in Streifen geschnitten

45 ml/3 EL Sojasauce

45 ml/3 EL trockener Weißwein

300 ml/½ Pt/1¼ Tassen Hühnerbrühe

30 ml/2 EL Pflaumensauce

30 ml/2 EL Weinessig

5 ml/1 TL Fünf-Gewürze-Pulver

5 ml/1 TL brauner Zucker

15 ml/1 EL Speisestärke (Maisstärke)

15 ml/1 EL Wasser

Das Öl erhitzen und die Nieren 2 Minuten braten, dann aus der Pfanne nehmen. Das Öl erneut erhitzen und das Schweinefleisch anbraten, bis es leicht gebräunt ist. Das Gemüse dazugeben und 3 Minuten unter Rühren braten. Sojasauce, Wein, Brühe, Pflaumensauce, Weinessig, Fünf-Gewürze-Pulver und Zucker zugeben, aufkochen, zugedeckt 30 Minuten köcheln lassen, bis alles gar ist. Fügen Sie die Nieren hinzu. Speisestärke und Wasser mischen und in die Pfanne geben. Zum Kochen bringen und dann unter Rühren köcheln lassen, bis die Sauce eindickt.

Schweinefleisch mit Reisnudeln

Serviert 4

4 getrocknete chinesische Pilze
100 g Reisnudeln
225 g mageres Schweinefleisch, in Streifen geschnitten
15 ml/1 EL Speisestärke (Maisstärke)
15 ml/1 EL Sojasauce
15 ml/1 EL Reiswein oder trockener Sherry
45 ml/3 EL Erdnussöl (Erdnussöl).
2,5 ml/½ TL Salz
1 Scheibe Ingwerwurzel, gehackt
2 Stangen Sellerie, gehackt
120 ml/4 fl oz/½ Tasse Hühnerbrühe
2 Frühlingszwiebeln (Frühlingszwiebeln), in Scheiben geschnitten

Die Pilze 30 Minuten in warmem Wasser einweichen und dann abgießen. Entsorgen und Stiele und schneiden Sie die Kappen. Die Nudeln 30 Minuten in warmem Wasser einweichen, dann abgießen und in 5 cm/2 große Stücke schneiden. Das Schweinefleisch in eine Schüssel geben. Maismehl, Sojasauce und Wein oder Sherry mischen, über das Schweinefleisch gießen und schwenken. Das Öl erhitzen und das Salz und den Ingwer einige Sekunden anbraten. Fügen Sie das Schweinefleisch hinzu und braten Sie es an, bis es leicht gebräunt ist. Champignons und Sellerie zugeben und 1 Minute braten. Brühe zugeben, aufkochen, zudecken und 2 Minuten köcheln lassen. Nudeln hinzugeben und 2 Minuten erhitzen. Frühlingszwiebeln unterrühren und sofort servieren.

Reichhaltige Schweinebällchen

Serviert 4

450 g/1 lb gehacktes (gemahlenes) Schweinefleisch
100 g Tofu, püriert
4 Wasserkastanien, fein gehackt
Salz und frisch gemahlener Pfeffer
120 ml/4 fl oz/½ Tasse Erdnussöl (Erdnussöl).
1 Scheibe Ingwerwurzel, gehackt
600 ml/1 Pt/2½ Tassen Hühnerbrühe
15 ml/1 EL Sojasauce
5 ml/1 TL brauner Zucker
5 ml/1 TL Reiswein oder trockener Sherry

Schweinefleisch, Tofu und Kastanien mischen und mit Salz und Pfeffer würzen. Zu großen Kugeln formen. Das Öl erhitzen und die Schweinebällchen von allen Seiten goldbraun braten, dann aus der Pfanne nehmen. Alles bis auf 15 ml/1 EL Öl abgießen und Ingwer, Brühe, Sojasauce, Zucker und Wein oder Sherry hinzugeben. Die Schweinebällchen zurück in die Pfanne geben, aufkochen und 20 Minuten leicht köcheln lassen, bis sie gar sind.

Gebratene Schweinekoteletts

Serviert 4

4 Schweinekoteletts
75 ml/5 EL Sojasauce
Öl zum Frittieren
100 g/4 oz Selleriestangen
3 Frühlingszwiebeln (Schalenzwiebeln), gehackt
1 Scheibe Ingwerwurzel, gehackt
15 ml/1 EL Reiswein oder trockener Sherry
120 ml/4 fl oz/½ Tasse Hühnerbrühe
Salz und frisch gemahlener Pfeffer
5 ml/1 TL Sesamöl

Tauchen Sie die Schweinekoteletts in die Sojasauce, bis sie gut bedeckt sind. Das Öl erhitzen und die Koteletts frittieren, bis sie goldbraun sind. Herausnehmen und gut abtropfen lassen. Den Sellerie auf dem Boden einer flachen ofenfesten Form anrichten. Mit Frühlingszwiebeln und Ingwer bestreuen und die Schweinekoteletts darauf anrichten. Mit Wein oder Sherry und Brühe aufgießen und mit Salz und Pfeffer abschmecken. Mit

Sesamöl beträufeln. Im vorgeheizten Backofen bei 200°C/400°C/Gas Stufe 6 15 Minuten braten.

Gewürztes Schweinefleisch

Serviert 4

1 Gurke, gewürfelt

Salz

450 g mageres Schweinefleisch, gewürfelt

5 ml/1 TL Salz

45 ml/3 EL Sojasauce

30 ml/2 EL Reiswein oder trockener Sherry

30 ml/2 EL Speisestärke (Maisstärke)

15 ml/1 EL brauner Zucker

60 ml/4 EL Erdnussöl (Erdnussöl).

1 Scheibe Ingwerwurzel, gehackt

1 Knoblauchzehe, gehackt

1 rote Chilischote, entkernt und gehackt

60 ml/4 EL Hühnerbrühe

Die Gurke mit Salz bestreuen und beiseite stellen. Schweinefleisch, Salz, 15 ml/1 EL Sojasauce, 15 ml/1 EL Wein oder Sherry, 15 ml/1 EL Speisestärke, den braunen Zucker und 15 ml/1 EL Öl vermischen. 30 Minuten stehen lassen, dann das Fleisch aus der Marinade heben. Das restliche Öl erhitzen und das Schweinefleisch unter Rühren braten, bis es leicht gebräunt ist. Ingwer, Knoblauch und Chili dazugeben und 2 Minuten unter Rühren braten. Die Gurke hinzugeben und 2 Minuten unter Rühren braten. Brühe und restliche Sojasauce, Wein oder Sherry und Speisestärke in die Marinade mischen. Diese in die Pfanne geben und unter Rühren zum Kochen bringen. Unter Rühren köcheln lassen, bis die Sauce klar und dickflüssig ist, und weiter köcheln lassen, bis das Fleisch gar ist.

Glatte Schweinefleischscheiben

Serviert 4

225 g/8 oz mageres Schweinefleisch, in Scheiben geschnitten
2 Eiweiß
15 ml/1 EL Speisestärke (Maisstärke)
45 ml/3 EL Erdnussöl (Erdnussöl).
50 g Bambussprossen, in Scheiben geschnitten
6 Frühlingszwiebeln (Frühlingszwiebeln), gehackt
2,5 ml/½ TL Salz
15 ml/1 EL Reiswein oder trockener Sherry
150 ml/¼ Pt/großzügige ½ Tasse Hühnerbrühe

Das Schweinefleisch mit dem Eiweiß und der Speisestärke vermengen, bis es gut bedeckt ist. Das Öl erhitzen und das Schweinefleisch unter Rühren braten, bis es leicht gebräunt ist, dann aus der Pfanne nehmen. Bambussprossen und Frühlingszwiebeln dazugeben und 2 Minuten unter Rühren braten. Das Schweinefleisch mit Salz, Wein oder Sherry und Hühnerbrühe wieder in die Pfanne geben. Zum Kochen bringen und 4 Minuten köcheln lassen, bis das Schweinefleisch gar ist.

Schweinefleisch mit Spinat und Karotten

Serviert 4

225 g mageres Schweinefleisch

2 Karotten, in Streifen geschnitten

225 g Spinat

45 ml/3 EL Erdnussöl (Erdnussöl).

1 Frühlingszwiebel (Zwiebel), fein gehackt

15 ml/1 EL Sojasauce

2,5 ml/½ TL Salz

10 ml/2 TL Speisestärke (Maisstärke)

30 ml/2 EL Wasser

Das Schweinefleisch gegen die Faser dünn aufschneiden und dann in Streifen schneiden. Die Karotten etwa 3 Minuten vorkochen und dann abgießen. Blattspinat halbieren. Das Öl erhitzen und die Frühlingszwiebel glasig dünsten. Fügen Sie das Schweinefleisch hinzu und braten Sie es an, bis es leicht gebräunt ist. Karotten und Sojasauce zugeben und 1 Minute unter Rühren braten. Salz und Spinat dazugeben und etwa 30 Sekunden unter Rühren braten, bis er weich wird. Speisestärke und Wasser zu einer Paste verrühren, in die Sauce rühren und unter Rühren braten, bis sie klar ist, dann sofort servieren.

Gedämpftes Schweinefleisch

Serviert 4

450 g mageres Schweinefleisch, gewürfelt
120 ml/4 fl oz/½ Tasse Sojasauce
120 ml/4 fl oz/½ Tasse Reiswein oder trockener Sherry
15 ml/1 EL brauner Zucker

Alle Zutaten miteinander vermischen und in eine hitzebeständige Schüssel geben. Auf einem Rost über kochendem Wasser ca. 1½ Stunden dämpfen, bis sie gar sind.

Gebratenes Schweinefleisch

Serviert 4

25 g getrocknete chinesische Pilze
15 ml/1 EL Erdnussöl (Erdnussöl).
450 g mageres Schweinefleisch, in Scheiben geschnitten
1 grüne Paprika, gewürfelt
15 ml/1 EL Sojasauce
15 ml/1 EL Reiswein oder trockener Sherry
5 ml/1 TL Salz
5 ml/1 TL Sesamöl

Die Pilze 30 Minuten in warmem Wasser einweichen und dann abgießen. Entsorgen Sie die Stiele und schneiden Sie die Kappen. Das Öl erhitzen und das Schweinefleisch unter Rühren braten, bis es leicht gebräunt ist. Paprika zugeben und 1 Minute mitbraten. Champignons, Sojasauce, Wein oder Sherry und Salz hinzugeben und einige Minuten unter Rühren braten, bis das Fleisch gar ist. Vor dem Servieren das Sesamöl unterrühren.

Schweinefleisch mit Süßkartoffeln

Serviert 4

Öl zum Frittieren

2 große Süßkartoffeln, in Scheiben geschnitten

30 ml/2 EL Erdnussöl (Erdnussöl).

1 Scheibe Ingwerwurzel, in Scheiben geschnitten

1 Zwiebel, in Scheiben geschnitten

450 g mageres Schweinefleisch, gewürfelt

15 ml/1 EL Sojasauce

2,5 ml/½ TL Salz

frisch gemahlener Pfeffer

250 ml/8 fl oz/1 Tasse Hühnerbrühe

30 ml/2 EL Currypulver

Das Öl erhitzen und die Süßkartoffeln goldbraun frittieren. Aus der Pfanne nehmen und gut abtropfen lassen. Erhitzen Sie das Erdnussöl (Erdnussöl) und braten Sie den Ingwer und die

Zwiebel an, bis sie leicht gebräunt sind. Fügen Sie das Schweinefleisch hinzu und braten Sie es an, bis es leicht gebräunt ist. Sojasauce, Salz und eine Prise Pfeffer zugeben, Brühe und Currypulver einrühren, aufkochen und unter Rühren 1 Minute köcheln lassen. Bratkartoffeln zugeben, zugedeckt 30 Minuten köcheln lassen, bis das Schweinefleisch gar ist.

Schweinefleisch süß-sauer

Serviert 4

450 g mageres Schweinefleisch, gewürfelt

15 ml/1 EL Reiswein oder trockener Sherry

15 ml/1 EL Erdnussöl (Erdnussöl).

5 ml/1 TL Currypulver

1 Ei, geschlagen

Salz

100 g Maismehl (Maisstärke)

Öl zum Frittieren

1 Knoblauchzehe, zerdrückt

75 g Zucker

50 g Tomatenketchup (Katsup)

5 ml/1 TL Weinessig

5 ml/1 TL Sesamöl

Das Schweinefleisch mit dem Wein oder Sherry, Öl, Currypulver, Ei und etwas Salz mischen. Speisestärke einrühren, bis das Schweinefleisch mit dem Teig bedeckt ist. Das Öl erhitzen, bis es raucht, dann die Schweinefleischwürfel ein paar Mal hinzufügen. Etwa 3 Minuten braten, dann abgießen und beiseite stellen. Das Öl erneut erhitzen und die Würfel erneut etwa 2 Minuten braten. Herausnehmen und abtropfen lassen. Knoblauch, Zucker, Tomatenketchup und Weinessig erhitzen und umrühren, bis sich der Zucker aufgelöst hat. Zum Kochen bringen, dann die Schweinewürfel hinzugeben und gut umrühren. Sesamöl unterrühren und servieren.

Herzhaftes Schweinefleisch

Serviert 4

30 ml/2 EL Erdnussöl (Erdnussöl).
450 g mageres Schweinefleisch, gewürfelt
3 Frühlingszwiebeln (Schalenzwiebeln), in Scheiben geschnitten
2 Knoblauchzehen, zerdrückt
1 Scheibe Ingwerwurzel, gehackt
250 ml/8 fl oz/1 Tasse Sojasauce
30 ml/2 EL Reiswein oder trockener Sherry
30 ml/2 EL brauner Zucker

5 ml/1 TL Salz

600 ml/1 pt/2½ Tassen Wasser

Das Öl erhitzen und das Schweinefleisch goldbraun braten. Überschüssiges Öl abgießen, Frühlingszwiebeln, Knoblauch und Ingwer dazugeben und 2 Minuten anbraten. Sojasauce, Wein oder Sherry, Zucker und Salz hinzugeben und gut umrühren. Wasser zugeben, aufkochen, abdecken und 1 Stunde köcheln lassen.

Schweinefleisch mit Tofu

Serviert 4

450 g mageres Schweinefleisch

45 ml/3 EL Erdnussöl (Erdnussöl).

1 Zwiebel, in Scheiben geschnitten

1 Knoblauchzehe, zerdrückt

225 g Tofu, gewürfelt

375 ml/13 fl oz/1½ Tassen Hühnerbrühe

15 ml/1 EL brauner Zucker

60 ml/4 EL Sojasauce

2,5 ml/½ TL Salz

Das Schweinefleisch in einen Topf geben und mit Wasser bedecken. Zum Kochen bringen und dann 5 Minuten köcheln lassen. Abgießen und abkühlen lassen, dann in Würfel schneiden.

Das Öl erhitzen und die Zwiebel und den Knoblauch anbraten, bis sie leicht gebräunt sind. Fügen Sie das Schweinefleisch hinzu und braten Sie es, bis es leicht gebräunt ist. Fügen Sie den Tofu hinzu und rühren Sie vorsichtig um, bis er mit Öl bedeckt ist. Brühe, Zucker, Sojasauce und Salz zugeben, aufkochen und zugedeckt ca. 40 Minuten köcheln lassen, bis das Schweinefleisch zart ist.

Zart gebratenes Schweinefleisch

Serviert 4

225 g Schweinefilet, gewürfelt

1 Eiweiß

30 ml/2 EL Reiswein oder trockener Sherry

Salz

225 g Maismehl (Maisstärke)

Öl zum Frittieren

Das Schweinefleisch mit Eiweiß, Wein oder Sherry und etwas Salz verrühren. Nach und nach so viel Speisestärke einarbeiten, dass ein dickflüssiger Teig entsteht. Das Öl erhitzen und das Schweinefleisch braten, bis es außen goldbraun und knusprig und innen zart ist.

Zweimal gekochtes Schweinefleisch

Serviert 4

225 g mageres Schweinefleisch
45 ml/3 EL Erdnussöl (Erdnussöl).
2 grüne Paprika, in Stücke geschnitten
2 Knoblauchzehen, gehackt
2 Frühlingszwiebeln (Frühlingszwiebeln), in Scheiben geschnitten
15 ml/1 EL scharfe Bohnensauce
15 ml/1 EL Hühnerbrühe
5 ml/1 TL Zucker

Das Schweinefleischstück in eine Pfanne geben, mit Wasser bedecken, aufkochen und 20 Minuten köcheln lassen, bis es gar ist. Herausnehmen und abtropfen lassen, dann abkühlen lassen. Dünn schneiden.

Das Öl erhitzen und das Schweinefleisch unter Rühren braten, bis es leicht gebräunt ist. Paprika, Knoblauch und Frühlingszwiebeln dazugeben und 2 Minuten unter Rühren anbraten. Aus der Pfanne nehmen. Bohnensoße, Brühe und Zucker in die Pfanne geben und unter Rühren 2 Minuten köcheln lassen. Das Schweinefleisch und die Paprika zurückgeben und unter Rühren braten, bis es durchgewärmt ist. Sofort servieren.

Schweinefleisch mit Gemüse

Serviert 4

2 Knoblauchzehen, zerdrückt
5 ml/1 TL Salz
2,5 ml/½ TL frisch gemahlener Pfeffer
30 ml/2 EL Erdnussöl (Erdnussöl).
30 ml/2 EL Sojasauce
225 g Brokkoliröschen
200 g Blumenkohlröschen

1 rote Paprika, gewürfelt

1 Zwiebel, gehackt

2 Orangen, geschält und gewürfelt

1 Stück Stängel Ingwer, gehackt

30 ml/2 EL Speisestärke (Maisstärke)

300 ml/½ pt/1¼ Tassen Wasser

20 ml/2 EL Weinessig

15 ml/1 EL Honig

Prise gemahlener Ingwer

2,5 ml/½ TL Kreuzkümmel

Knoblauch, Salz und Pfeffer in das Fleisch pressen. Das Öl erhitzen und das Fleisch darin anbraten, bis es leicht gebräunt ist. Aus der Pfanne nehmen. Die Sojasauce und das Gemüse in die Pfanne geben und unter Rühren braten, bis sie weich, aber immer noch knusprig sind. Orangen und Ingwer zugeben. Speisestärke und Wasser mischen und mit Weinessig, Honig, Ingwer und Kreuzkümmel in die Pfanne rühren. Zum Kochen bringen und unter Rühren 2 Minuten köcheln lassen. Das Schweinefleisch wieder in die Pfanne geben und vor dem Servieren erhitzen.

Schweinefleisch mit Walnüssen

Serviert 4

50 g/2 oz/½ Tasse Walnüsse

225 g mageres Schweinefleisch, in Streifen geschnitten
30 ml/2 EL einfaches (Allzweck-)Mehl
30 ml/2 EL brauner Zucker
30 ml/2 EL Sojasauce
Öl zum Frittieren
15 ml/1 EL Erdnussöl (Erdnussöl).

Die Walnüsse 2 Minuten in kochendem Wasser blanchieren und dann abgießen. Das Schweinefleisch mit Mehl, Zucker und 15 ml/ 1 EL Sojasauce gut verrühren. Das Öl erhitzen und das Schweinefleisch frittieren, bis es knusprig und goldbraun ist. Auf Küchenpapier abtropfen lassen. Das Erdnussöl erhitzen und die Walnüsse unter Rühren goldbraun braten. Das Schweinefleisch in die Pfanne geben, mit der restlichen Sojasauce beträufeln und braten, bis es durchgewärmt ist.

Wan-Tan aus Schweinefleisch

Serviert 4
450 g/1 lb gehacktes (gemahlenes) Schweinefleisch
1 Frühlingszwiebel (Zwiebel), gehackt
225 g gemischtes Gemüse, gehackt
30 ml/2 EL Sojasauce
5 ml/1 TL Salz
40 Wantan-Häute

Öl zum Frittieren

Eine Pfanne erhitzen und das Schweinefleisch und die Frühlingszwiebel anbraten, bis sie leicht gebräunt sind. Vom Herd nehmen und Gemüse, Sojasauce und Salz einrühren.

Um die Won Tans zu falten, halten Sie die Haut in der linken Handfläche und löffeln Sie ein wenig Füllung in die Mitte. Die Ränder mit Ei befeuchten und die Haut zu einem Dreieck falten, dabei die Ränder verschließen. Die Ecken mit Ei befeuchten und zusammendrehen.

Das Öl erhitzen und die Wan Tans nach und nach goldbraun frittieren. Vor dem Servieren gut abtropfen lassen.

Schweinefleisch mit Wasserkastanien

Serviert 4

45 ml/3 EL Erdnussöl (Erdnussöl).
1 Knoblauchzehe, zerdrückt
1 Frühlingszwiebel (Zwiebel), gehackt
1 Scheibe Ingwerwurzel, gehackt
225 g mageres Schweinefleisch, in Streifen geschnitten
100 g Wasserkastanien, in dünne Scheiben geschnitten

45 ml/3 EL Sojasauce

15 ml/1 EL Reiswein oder trockener Sherry

5 ml/1 TL Speisestärke (Maisstärke)

Öl erhitzen und Knoblauch, Frühlingszwiebel und Ingwer anbraten, bis sie leicht gebräunt sind. Fügen Sie das Schweinefleisch hinzu und braten Sie es 10 Minuten lang, bis es goldbraun ist. Die Wasserkastanien dazugeben und 3 Minuten unter Rühren braten. Die restlichen Zutaten hinzufügen und 3 Minuten unter Rühren braten.

Wan Tans mit Schweinefleisch und Garnelen

Serviert 4

225 g/8 oz gehacktes (gemahlenes) Schweinefleisch

2 Frühlingszwiebeln (Frühlingszwiebeln), gehackt

100 g gemischtes Gemüse, gehackt

100 g Champignons, gehackt

225 g geschälte Garnelen, gehackt

15 ml/1 EL Sojasauce

2,5 ml/½ TL Salz

40 Wantan-Häute

Öl zum Frittieren

Eine Pfanne erhitzen und das Schweinefleisch und die Frühlingszwiebeln anbraten, bis sie leicht gebräunt sind. Die restlichen Zutaten unterrühren.

Um die Won Tans zu falten, halten Sie die Haut in der linken Handfläche und löffeln Sie ein wenig Füllung in die Mitte. Die Ränder mit Ei befeuchten und die Haut zu einem Dreieck falten, dabei die Ränder verschließen. Die Ecken mit Ei befeuchten und zusammendrehen.

Das Öl erhitzen und die Wan Tans nach und nach goldbraun frittieren. Vor dem Servieren gut abtropfen lassen.

Gedämpfte Hackfleischbällchen

Serviert 4

2 Knoblauchzehen, zerdrückt

2,5 ml/½ TL Salz

450 g/1 lb gehacktes (gemahlenes) Schweinefleisch

1 Zwiebel, gehackt

1 rote Paprika, gehackt

1 grüne Paprika, gehackt
2 Stück Stängel Ingwer, gehackt
5 ml/1 TL Currypulver
5 ml/1 TL Paprika
1 Ei, geschlagen
45 ml/3 EL Speisestärke (Maisstärke)
50 g Rundkornreis
Salz und frisch gemahlener Pfeffer
60 ml/4 EL gehackter Schnittlauch

Knoblauch, Salz, Schweinefleisch, Zwiebel, Paprika, Ingwer, Currypulver und Paprika mischen. Das Ei mit der Speisestärke und dem Reis in die Mischung einarbeiten. Mit Salz und Pfeffer würzen und dann den Schnittlauch untermischen. Mit nassen Händen die Masse zu kleinen Kugeln formen. Legen Sie diese in einen Dampfkorb, decken Sie sie ab und kochen Sie sie 20 Minuten lang über leicht kochendem Wasser, bis sie gar sind.

Spareribs mit schwarzer Bohnensauce

Serviert 4

900 g Schweinerippchen
2 Knoblauchzehen, zerdrückt
2 Frühlingszwiebeln (Frühlingszwiebeln), gehackt
30 ml/2 EL schwarze Bohnensauce

30 ml/2 EL Reiswein oder trockener Sherry

15 ml/1 EL Wasser

30 ml/2 EL Sojasauce

15 ml/1 EL Speisestärke (Maisstärke)

5 ml/1 TL Zucker

120 ml/4 fl oz½ Tasse Wasser

30 ml/2 EL Öl

2,5 ml/½ TL Salz

120 ml/4 fl oz/½ Tasse Hühnerbrühe

Die Spareribs in 2,5 cm große Stücke schneiden. Knoblauch, Frühlingszwiebeln, schwarze Bohnensauce, Wein oder Sherry, Wasser und 15 ml/1 EL Sojasauce mischen. Restliche Sojasauce mit Speisestärke, Zucker und Wasser verrühren. Öl und Salz erhitzen und die Spareribs goldbraun braten. Lassen Sie das Öl ab. Die Knoblauchmischung dazugeben und 2 Minuten unter Rühren braten. Brühe angießen, aufkochen, zugedeckt 4 Minuten köcheln lassen. Die Maismehlmischung einrühren und unter Rühren köcheln lassen, bis die Sauce klar und dickflüssig wird.

Gegrillte Spareribs

Serviert 4

3 Knoblauchzehen, zerdrückt

75 ml/5 EL Sojasauce

60 ml/4 EL Hoisinsauce

60 ml/4 EL Reiswein oder trockener Sherry

45 ml/3 EL brauner Zucker

30 ml/2 EL Tomatenpüree (Paste)

900 g Schweinerippchen

15 ml/1 EL Honig

Knoblauch, Sojasauce, Hoisinsauce, Wein oder Sherry, braunen Zucker und Tomatenpüree mischen, über die Rippchen gießen, abdecken und über Nacht marinieren lassen.

Die Rippchen abtropfen lassen und auf einem Rost in einem Bräter mit etwas Wasser darunter anrichten. Im vorgeheizten Backofen bei 180°C/350°F/Gas Stufe 4 45 Minuten braten, gelegentlich mit der Marinade begießen und 30 ml/2 EL der Marinade zurückbehalten. Die beiseite gestellte Marinade mit dem Honig mischen und die Rippchen damit bestreichen. Grillen oder Grillen (Grillen) unter einem heißen Grill für etwa 10 Minuten.

Spareribs aus gegrilltem Ahorn

Serviert 4

900 g Schweinerippchen

60 ml/4 EL Ahornsirup

5 ml/1 TL Salz

5 ml/1 TL Zucker

45 ml/3 EL Sojasauce

15 ml/1 EL Reiswein oder trockener Sherry

1 Knoblauchzehe, zerdrückt

Die Spareribs in 5 cm große Stücke schneiden und in eine Schüssel geben. Alle Zutaten miteinander vermischen, die Spareribs hinzugeben und gut umrühren. Abdecken und über Nacht marinieren lassen. Bei mittlerer Hitze etwa 30 Minuten grillen (grillen) oder grillen.

Frittierte Spareribs

Serviert 4

900 g Schweinerippchen

120 ml/4 fl oz/½ Tasse Tomatenketchup (Katsup)

120 ml/4 fl oz/½ Tasse Weinessig

60 ml/4 EL Mango-Chutney

45 ml/3 EL Reiswein oder trockener Sherry

2 Knoblauchzehen, gehackt

5 ml/1 TL Salz

45 ml/3 EL Sojasauce

30 ml/2 EL Honig

15 ml/1 EL mildes Currypulver

15 ml/1 EL Paprika

Öl zum Frittieren

60 ml/4 EL gehackter Schnittlauch

Die Spareribs in eine Schüssel geben. Alle Zutaten bis auf Öl und Schnittlauch mischen, über die Rippchen giessen, abdecken und mindestens 1 Stunde marinieren lassen. Öl erhitzen und die Rippchen frittieren, bis sie knusprig sind. Mit Schnittlauch bestreut servieren.

Spareribs mit Lauch

Serviert 4

450 g Schweinerippchen

Öl zum Frittieren

250 ml/8 fl oz/1 Tasse Brühe

30 ml/2 EL Tomatenketchup (Katsup)

2,5 ml/½ TL Salz

2,5 ml/½ TL Zucker

2 Lauch, in Stücke geschnitten

6 Frühlingszwiebeln (Frühlingszwiebeln), in Stücke geschnitten

50 g Brokkoliröschen

5 ml/1 TL Sesamöl

Die Spareribs in 5 cm große Stücke schneiden. Das Öl erhitzen und die Spareribs frittieren, bis sie gerade anfangen zu bräunen. Nimm sie aus der Pfanne und gieße alles bis auf 30 ml/2 EL Öl ab. Brühe, Tomatenketchup, Salz und Zucker zugeben, aufkochen und 1 Minute köcheln lassen. Die Spareribs wieder in die Pfanne geben und etwa 20 Minuten köcheln lassen, bis sie weich sind.

In der Zwischenzeit weitere 30 ml/ 2 EL Öl erhitzen und Lauch, Frühlingszwiebeln und Broccoli ca. 5 Minuten anbraten. Mit Sesamöl beträufeln und auf einer vorgewärmten Servierplatte anrichten. Die Spareribs und die Sauce in die Mitte geben und servieren.

Spare Ribs mit Pilzen

Für 4–6 Portionen

6 getrocknete chinesische Pilze

900 g Schweinerippchen

2 Nelken Sternanis

45 ml/3 EL Sojasauce

5 ml/1 TL Salz

15 ml/1 EL Speisestärke (Maisstärke)

Die Pilze 30 Minuten in warmem Wasser einweichen und dann abgießen. Entsorgen und Stiele und schneiden Sie die Kappen. Die Spareribs in 5 cm/2 Stücke schneiden. Einen Topf mit Wasser zum Kochen bringen, die Spareribs dazugeben und 15 Minuten köcheln lassen. Gut abtropfen lassen. Die Rippchen zurück in die Pfanne geben und mit kaltem Wasser bedecken. Champignons, Sternanis, Sojasauce und Salz hinzugeben. Zum Kochen bringen, abdecken und etwa 45 Minuten köcheln lassen, bis das Fleisch zart ist. Speisestärke mit etwas kaltem Wasser verrühren, in die Pfanne rühren und unter Rühren köcheln lassen, bis die Soße klar und eingedickt ist.

Spareribs mit Orange

Serviert 4

900 g Schweinerippchen
5 ml/1 TL geriebener Käse
5 ml/1 TL Speisestärke (Maisstärke)
45 ml/3 EL Reiswein oder trockener Sherry
Salz
Öl zum Frittieren
15 ml/1 EL Wasser
2,5 ml/½ TL Zucker
15 ml/1 EL Tomatenpüree (Paste)
2,5 ml/½ TL Chilisauce
abgeriebene Schale von 1 Orange
1 Orange, in Scheiben geschnitten

Die Spareribs in Stücke schneiden und mit dem Käse, Speisestärke, 5 ml/ 1 TL Wein oder Sherry und einer Prise Salz vermischen. 30 Minuten marinieren lassen. Öl erhitzen und die Rippchen ca. 3 Minuten frittieren, bis sie goldbraun sind. 15 ml/1 EL Öl in einem Wok erhitzen, Wasser, Zucker, Tomatenpüree, Chilisauce, Orangenschale und restlichen Wein oder Sherry zugeben und bei schwacher Hitze 2 Minuten rühren. Fügen Sie das Schweinefleisch hinzu und rühren Sie es um, bis es gut bedeckt ist. Auf eine vorgewärmte Servierplatte geben und mit Orangenscheiben garniert servieren.

Ananas-Spare-Ribs

Serviert 4

900 g Schweinerippchen
600 ml/1 pt/2½ Tassen Wasser
30 ml/2 EL Erdnussöl (Erdnussöl).
2 Knoblauchzehen, fein gehackt
200 g Ananasstücke aus der Dose in Fruchtsaft
120 ml/4 fl oz/½ Tasse Hühnerbrühe
60 ml/4 EL Weinessig
50 g brauner Zucker
15 ml/1 EL Sojasauce
15 ml/1 EL Speisestärke (Maisstärke)
3 Frühlingszwiebeln (Schalenzwiebeln), gehackt

Schweinefleisch und Wasser in eine Pfanne geben, aufkochen, abdecken und 20 Minuten köcheln lassen. Gut abtropfen lassen.

Das Öl erhitzen und den Knoblauch anbraten, bis er leicht gebräunt ist. Die Rippchen hinzufügen und unter Rühren braten, bis sie gut mit dem Öl überzogen sind. Die Ananasstücke abtropfen lassen und 120 ml/4 fl oz/½ Tasse Saft mit Brühe, Weinessig, Zucker und Sojasauce in die Pfanne geben. Zum Kochen bringen, abdecken und 10 Minuten köcheln lassen. Die abgetropfte Ananas hinzugeben. Maizena mit etwas Wasser verrühren, in die Sauce rühren und unter Rühren köcheln lassen, bis die Sauce klar und eingedickt ist. Mit Frühlingszwiebeln bestreut servieren.

Knusprige Garnelen Spareribs

Serviert 4

900 g Schweinerippchen

450 g geschälte Garnelen

5 ml/1 TL Zucker

Salz und frisch gemahlener Pfeffer

30 ml/2 EL einfaches (Allzweck-)Mehl

1 Ei, leicht geschlagen

100 g Semmelbrösel

Öl zum Frittieren

Die Spareribs in 5 cm große Stücke schneiden. Etwas vom Fleisch abschneiden und mit den Garnelen, Zucker, Salz und Pfeffer fein hacken. Mehl und so viel Ei unterrühren, dass die Masse klebrig wird. Die Spareribsstücke rundum andrücken und mit Semmelbröseln bestreuen. Das Öl erhitzen und die Spareribs frittieren, bis sie an die Oberfläche kommen. Gut abtropfen lassen und heiß servieren.

Spareribs mit Reiswein

Serviert 4
900 g Schweinerippchen
450 ml/¾ pt/2 Tassen Wasser
60 ml/4 EL Sojasauce
5 ml/1 TL Salz
30 ml/2 EL Reiswein
5 ml/1 TL Zucker

Die Rippen in 2,5 cm/1 Stücke schneiden. Mit Wasser, Sojasauce und Salz in einen Topf geben, aufkochen, zugedeckt 1 Stunde köcheln lassen. Gut abtropfen lassen. Eine Pfanne erhitzen und die Spareribs, den Reiswein und den Zucker hinzugeben. Bei starker Hitze unter Rühren braten, bis die Flüssigkeit verdampft ist.

Spare Ribs mit Sesam

Serviert 4

900 g Schweinerippchen

1 Ei

30 ml/2 EL einfaches (Allzweck-)Mehl

5 ml/1 TL Kartoffelmehl

45 ml/3 EL Wasser

Öl zum Frittieren

30 ml/2 EL Erdnussöl (Erdnussöl).

30 ml/2 EL Tomatenketchup (Katsup)

30 ml/2 EL brauner Zucker

10 ml/2 TL Weinessig

45 ml/3 EL Sesam

4 Salatblätter

Die Spareribs in 10 cm große Stücke schneiden und in eine Schüssel geben. Ei mit Mehl, Kartoffelmehl und Wasser verrühren, unter die Spareribs rühren und 4 Stunden ruhen lassen.

Das Öl erhitzen und die Spareribs goldbraun frittieren, herausnehmen und abtropfen lassen. Öl erhitzen und

Tomatenketchup, braunen Zucker und Weinessig einige Minuten anbraten. Fügen Sie die Spareribs hinzu und braten Sie sie an, bis sie vollständig bedeckt sind. Mit Sesam bestreuen und 1 Minute braten. Die Salatblätter auf einer vorgewärmten Servierplatte anrichten, die Spareribs darauf verteilen und servieren.

Süß-saure Spareribs

Serviert 4

900 g Schweinerippchen

600 ml/1 pt/2½ Tassen Wasser

30 ml/2 EL Erdnussöl (Erdnussöl).

2 Knoblauchzehen, zerdrückt

5 ml/1 TL Salz

100 g/4 oz/½ Tasse brauner Zucker

75 ml/5 EL Hühnerbrühe

60 ml/4 EL Weinessig

100 g Ananasstücke aus der Dose in Sirup

15 ml/1 EL Tomatenpüree (Paste)

15 ml/1 EL Sojasauce

15 ml/1 EL Speisestärke (Maisstärke)

30 ml/2 EL Kokosraspeln

Schweinefleisch und Wasser in eine Pfanne geben, aufkochen, abdecken und 20 Minuten köcheln lassen. Gut abtropfen lassen.

Das Öl erhitzen und die Rippchen mit Knoblauch und Salz anbraten, bis sie gebräunt sind. Zucker, Bouillon und Weinessig zugeben und aufkochen. Die Ananas abtropfen lassen und 30 ml/2 EL des Sirups mit dem Tomatenpüree, der Sojasauce und der Speisestärke in die Pfanne geben. Gut umrühren und unter Rühren köcheln lassen, bis die Sauce klar und eindickt. Ananas dazugeben, 3 Minuten köcheln lassen und mit Kokos bestreut servieren.

Sautierte Spareribs

Serviert 4

900 g Schweinerippchen

1 Ei, geschlagen

5 ml/1 TL Sojasauce

5 ml/1 TL Salz

10 ml/2 TL Speisestärke (Maisstärke)

10 ml/2 TL Zucker

60 ml/4 EL Erdnussöl (Erdnussöl).

250 ml/8 fl oz/1 Tasse Weinessig

250 ml/8 fl oz/1 Tasse Wasser

250 ml/8 fl oz/1 Tasse Reiswein oder trockener Sherry

Die Spareribs in eine Schüssel geben. Ei mit Sojasauce, Salz, der Hälfte der Speisestärke und der Hälfte des Zuckers verrühren, zu den Spareribs geben und gut verrühren. Das Öl erhitzen und die Spareribs braten, bis sie gebräunt sind. Restliche Zutaten zugeben, aufkochen und köcheln lassen, bis die Flüssigkeit fast verdampft ist.

Spareribs mit Tomate

Serviert 4

900 g Schweinerippchen
75 ml/5 EL Sojasauce
30 ml/2 EL Reiswein oder trockener Sherry
2 Eier, geschlagen
45 ml/3 EL Speisestärke (Maisstärke)
Öl zum Frittieren
45 ml/3 EL Erdnussöl (Erdnussöl).
1 Zwiebel, in dünne Scheiben geschnitten
250 ml/8 fl oz/1 Tasse Hühnerbrühe
60 ml/4 EL Tomatenketchup (Katsup)
10 ml/2 TL brauner Zucker

Die Spareribs in 2,5 cm große Stücke schneiden. Mit 60 ml/4 EL Sojasauce und dem Wein oder Sherry mischen und unter gelegentlichem Rühren 1 Stunde marinieren lassen. Abgießen, Marinade auffangen. Die Spareribs in Ei und dann in Maismehl panieren. Das Öl erhitzen und die Rippchen nacheinander frittieren, bis sie goldbraun sind. Gut abtropfen lassen. Das

Erdnussöl erhitzen und die Zwiebel glasig dünsten. Brühe, restliche Sojasauce, Ketchup und braunen Zucker hinzugeben und 1 Minute unter Rühren köcheln lassen. Die Rippchen hinzugeben und 10 Minuten köcheln lassen.

Barbecue-Schweinebraten

Für 4–6 Portionen

1,25 kg Schweineschulter ohne Knochen
2 Knoblauchzehen, zerdrückt
2 Frühlingszwiebeln (Frühlingszwiebeln), gehackt
250 ml/8 fl oz/1 Tasse Sojasauce
120 ml/4 fl oz/½ Tasse Reiswein oder trockener Sherry
100 g/4 oz/½ Tasse brauner Zucker
5 ml/1 TL Salz

Das Schweinefleisch in eine Schüssel geben. Restliche Zutaten mischen, über das Schweinefleisch gießen, zugedeckt 3 Stunden marinieren lassen. Schweinefleisch und Marinade in einen Bräter geben und im vorgeheizten Ofen bei 200°C/400°F/Gas Stufe 6 10 Minuten braten. Reduzieren Sie die Temperatur für 1¾ Stunden auf 160°C/325°F/Gas Stufe 3, bis das Schweinefleisch gar ist.

Kaltes Schweinefleisch mit Senf

Serviert 4

1 kg Schweinebraten ohne Knochen
250 ml/8 fl oz/1 Tasse Sojasauce
120 ml/4 fl oz/½ Tasse Reiswein oder trockener Sherry
100 g/4 oz/½ Tasse brauner Zucker
3 Frühlingszwiebeln (Schalenzwiebeln), gehackt
5 ml/1 TL Salz
30 ml/2 EL Senfpulver

Das Schweinefleisch in eine Schüssel geben. Alle restlichen Zutaten bis auf den Senf mischen und über das Schweinefleisch gießen. Mindestens 2 Stunden marinieren lassen, dabei häufig begießen. Eine Bratform mit Alufolie auslegen und das Schweinefleisch auf einem Rost in die Form stellen. Im vorgeheizten Ofen bei 200°C/400°F/Gas Stufe 6 für 10 Minuten braten, dann die Temperatur auf 160°C/325°F/Gas Stufe 3 für weitere 1¾ Stunden reduzieren, bis das Schweinefleisch weich ist. Abkühlen lassen und dann im Kühlschrank kalt stellen. Sehr dünn schneiden. Mischen Sie das Senfpulver mit gerade genug

Wasser, um eine cremige Paste zu erhalten, die Sie mit dem Schweinefleisch servieren können.

Chinesischer Schweinebraten

Serviert 6

1,25 kg Schweinebraten, dick geschnitten
2 Knoblauchzehen, fein gehackt
30 ml/2 EL Reiswein oder trockener Sherry
15 ml/1 EL brauner Zucker
15 ml/1 EL Honig
90 ml/6 EL Sojasauce
2,5 ml/½ TL Fünf-Gewürze-Pulver

Das Schweinefleisch in einer flachen Schüssel anrichten. Restliche Zutaten mischen, über das Schweinefleisch gießen, zugedeckt über Nacht im Kühlschrank marinieren, gelegentlich wenden und begießen.

Die Schweinescheiben auf einem Rost in einem mit wenig Wasser gefüllten Bräter anrichten und gut mit der Marinade begießen. Im vorgeheizten Ofen bei 180°C/350°F/Gas Stufe 5 ca.

1 Stunde braten, dabei gelegentlich begießen, bis das Schweinefleisch gar ist.

Schweinefleisch mit Spinat

6–8 Portionen

30 ml/2 EL Erdnussöl (Erdnussöl).

1,25 kg Schweinelende

250 ml/8 fl oz/1 Tasse Hühnerbrühe

15 ml/1 EL brauner Zucker

60 ml/4 EL Sojasauce

900 g Spinat

Das Öl erhitzen und das Schweinefleisch von allen Seiten anbraten. Das meiste Fett abgießen. Brühe, Zucker und Sojasauce zugeben, aufkochen, zugedeckt ca. 2 Stunden köcheln lassen, bis das Schweinefleisch gar ist. Das Fleisch aus der Pfanne nehmen und etwas abkühlen lassen, dann in Scheiben schneiden. Den Spinat in die Pfanne geben und unter leichtem Rühren köcheln lassen, bis er weich ist. Den Spinat abtropfen lassen und auf einer vorgewärmten Servierplatte anrichten. Mit den Schweinescheiben belegen und servieren.

Frittierte Schweinebällchen

Serviert 4

450 g/1 lb gehacktes (gemahlenes) Schweinefleisch

1 Scheibe Ingwerwurzel, gehackt

15 ml/1 EL Speisestärke (Maisstärke)

15 ml/1 EL Wasser

2,5 ml/½ TL Salz

10 ml/2 TL Sojasauce

Öl zum Frittieren

Schweinefleisch und Ingwer mischen. Speisestärke, Wasser, Salz und Sojasauce mischen, dann die Mischung in das Schweinefleisch rühren und gut vermischen. Zu walnussgroßen Kugeln formen. Das Öl erhitzen und die Schweinebällchen braten, bis sie an die Oberfläche des Öls steigen. Aus dem Öl nehmen und erneut erhitzen. Das Schweinefleisch wieder in die Pfanne geben und 1 Minute braten. Gut abtropfen lassen.

Eierbrötchen mit Schweinefleisch und Garnelen

Serviert 4

30 ml/2 EL Erdnussöl (Erdnussöl).

225 g/8 oz gehacktes (gemahlenes) Schweinefleisch

225 g Garnelen

100 g chinesische Blätter, zerkleinert

100 g Bambussprossen, in Streifen geschnitten

100 g Wasserkastanien, in Streifen geschnitten

10 ml/2 TL Sojasauce

5 ml/1 TL Salz

5 ml/1 TL Zucker

3 Frühlingszwiebeln (Frühlingszwiebeln), fein gehackt

8 Frühlingsrollenhäute

Öl zum Frittieren

Das Öl erhitzen und das Schweinefleisch braten, bis es versiegelt ist. Die Garnelen hinzugeben und 1 Minute unter Rühren braten. Chinesische Blätter, Bambussprossen, Wasserkastanien, Sojasauce, Salz und Zucker hinzugeben und 1 Minute unter Rühren braten, dann abdecken und 5 Minuten köcheln lassen. Frühlingszwiebeln unterrühren, in ein Sieb stürzen und abtropfen lassen.

Geben Sie ein paar Löffel der Füllungsmischung in die Mitte jeder Frühlingsrollenhaut, falten Sie den Boden hoch, falten Sie die Seiten ein und rollen Sie sie dann nach oben, um die Füllung zu umschließen. Den Rand mit etwas Mehl-Wasser-Mischung versiegeln und 30 Minuten trocknen lassen. Das Öl erhitzen und die Frühlingsrollen etwa 10 Minuten frittieren, bis sie knusprig und goldbraun sind. Vor dem Servieren gut abtropfen lassen.

Gedünstetes Hackfleisch

Serviert 4

450 g/1 lb gehacktes (gemahlenes) Schweinefleisch

5 ml/1 TL Speisestärke (Maisstärke)

2,5 ml/½ TL Salz

10 ml/2 TL Sojasauce

Das Schweinefleisch mit den restlichen Zutaten mischen und die Mischung flach in einer flachen ofenfesten Form verteilen. In einen Dampfgarer über kochendes Wasser geben und etwa 30 Minuten dämpfen, bis es gar ist. Heiß servieren.

Frittiertes Schweinefleisch mit Krebsfleisch

Serviert 4

225 g/8 oz Krabbenfleisch, geflockt

100 g Champignons, gehackt

100 g Bambussprossen, gehackt

5 ml/1 TL Speisestärke (Maisstärke)

2,5 ml/½ TL Salz

225 g/8 oz gekochtes Schweinefleisch, in Scheiben geschnitten

1 Eiweiß, leicht geschlagen

Öl zum Frittieren

15 ml/1 EL gehackte frische glattblättrige Petersilie

Krabbenfleisch, Pilze, Bambussprossen, den größten Teil der Maisstärke und das Salz vermischen. Das Fleisch in 5 cm/2 große Quadrate schneiden. Mit der Krabbenfleischmischung zu Sandwiches verarbeiten. Mit dem Eiweiß bestreichen. Das Öl erhitzen und die Sandwiches nacheinander frittieren, bis sie goldbraun sind. Gut abtropfen lassen. Mit Petersilie bestreut servieren.

Schweinefleisch mit Sojasprossen

Serviert 4

30 ml/2 EL Erdnussöl (Erdnussöl).
2,5 ml/½ TL Salz
2 Knoblauchzehen, zerdrückt
450 g Bohnensprossen
225 g gekochtes Schweinefleisch, gewürfelt
120 ml/4 fl oz/½ Tasse Hühnerbrühe
15 ml/1 EL Sojasauce
15 ml/1 EL Reiswein oder trockener Sherry
5 ml/1 TL Zucker

15 ml/1 EL Speisestärke (Maisstärke)

2,5 ml/½ TL Sesamöl

3 Frühlingszwiebeln (Schalenzwiebeln), gehackt

Das Öl erhitzen und das Salz und den Knoblauch anbraten, bis sie leicht gebräunt sind. Sojasprossen und Schweinefleisch dazugeben und 2 Minuten unter Rühren braten. Die Hälfte der Brühe angießen, aufkochen, zugedeckt 3 Minuten köcheln lassen. Die restliche Brühe mit den restlichen Zutaten verrühren, in die Pfanne rühren, erneut aufkochen und unter Rühren 4 Minuten köcheln lassen. Mit Frühlingszwiebeln bestreut servieren.

Betrunkenes Schweinefleisch

Serviert 6

1,25 kg/3 lb knochenloser gerollter Schweinebraten

30 ml/2 EL Salz

frisch gemahlener Pfeffer

1 Frühlingszwiebel (Zwiebel), gehackt

2 Knoblauchzehen, gehackt

1 Flasche trockener Weißwein

Legen Sie das Schweinefleisch in eine Pfanne und fügen Sie Salz, Pfeffer, Frühlingszwiebel und Knoblauch hinzu. Mit kochendem Wasser bedecken, wieder aufkochen, abdecken und

30 Minuten köcheln lassen. Das Schweinefleisch aus der Pfanne nehmen, 6 Stunden oder über Nacht im Kühlschrank abkühlen und trocknen lassen. Das Schweinefleisch in große Stücke schneiden und in ein großes Schraubglas geben. Mit dem Wein bedecken, verschließen und mindestens 1 Woche im Kühlschrank lagern.

Gedämpfte Schweinekeule

6–8 Portionen

1 kleine Schweinekeule

90 ml/6 EL Sojasauce

450 ml/¾ pt/2 Tassen Wasser

45 ml/3 EL brauner Zucker

15 ml/1 EL Reiswein oder trockener Sherry

30 ml/2 EL Erdnussöl (Erdnussöl).

3 Knoblauchzehen, zerdrückt

450 g Spinat

2,5 ml/½ TL Salz

30 ml/2 EL Speisestärke (Maisstärke)

Die Schweinehaut mit einem spitzen Messer rundherum einstechen und mit 30 ml/2 EL Sojasauce einreiben. Mit dem Wasser in einen schweren Topf geben, aufkochen, abdecken und 40 Minuten köcheln lassen. Das Fleisch abgießen, die Flüssigkeit auffangen und abkühlen lassen, dann in eine hitzebeständige Schüssel geben.

Mischen Sie 15 ml/1 EL Zucker, Wein oder Sherry und 30 ml/2 EL Sojasauce und reiben Sie das Schweinefleisch damit ein. Das Öl erhitzen und den Knoblauch anbraten, bis er leicht gebräunt ist. Den restlichen Zucker und die Sojasauce hinzufügen, die Mischung über das Schweinefleisch gießen und die Schüssel abdecken. Stellen Sie die Schüssel in einen Wok und füllen Sie Wasser bis zur Hälfte der Seiten. Abdecken und etwa 1½ Stunden dämpfen, bei Bedarf mit kochendem Wasser auffüllen. Den Spinat in 5 cm große Stücke schneiden und mit Salz bestreuen. Einen Topf mit Wasser zum Kochen bringen und dann über den Spinat gießen. 2 Minuten stehen lassen, bis der Spinat weich wird, dann abtropfen lassen und auf einer vorgewärmten Servierplatte anrichten. Das Schweinefleisch darauf legen. Den Schweinefond zum Kochen bringen. Die Maisstärke mit etwas Wasser verrühren, in die Brühe rühren und unter Rühren köcheln lassen, bis die Sauce klar und eingedickt ist. Über das Schweinefleisch gießen und servieren.

Gebratener Schweinebraten mit Gemüse

Serviert 4

50 g/2 oz/½ Tasse blanchierte Mandeln

30 ml/2 EL Erdnussöl (Erdnussöl).

Salz

100 g Champignons, gewürfelt

100 g Bambussprossen, gewürfelt

1 Zwiebel, gewürfelt

2 Stangen Sellerie, gewürfelt

100 g Zuckererbsen, gewürfelt

4 Wasserkastanien, gewürfelt

1 Frühlingszwiebel (Zwiebel), gehackt

20 ml/4 fl oz/½ Tasse Hühnerbrühe

225 g/8 oz Barbecue-Schweinebraten, gewürfelt

15 ml/1 EL Speisestärke (Maisstärke)

45 ml/3 EL Wasser

2,5 ml/½ TL Zucker

frisch gemahlener Pfeffer

Die Mandeln rösten, bis sie leicht gebräunt sind. Öl und Salz erhitzen, dann das Gemüse hinzugeben und 2 Minuten unter Rühren braten, bis es mit Öl überzogen ist. Brühe angießen, aufkochen, zugedeckt 2 Minuten köcheln lassen, bis das Gemüse fast gar, aber noch knackig ist. Das Schweinefleisch zugeben und erhitzen. Speisestärke, Wasser, Zucker und Pfeffer mischen und in die Sauce rühren. Unter Rühren köcheln lassen, bis die Sauce klar und dickflüssig ist.

Zweimal gekochtes Schweinefleisch

Serviert 4

45 ml/3 EL Erdnussöl (Erdnussöl).
6 Frühlingszwiebeln (Frühlingszwiebeln), gehackt
1 Knoblauchzehe, zerdrückt
1 Scheibe Ingwerwurzel, gehackt
2,5 ml/½ TL Salz
225 g gekochtes Schweinefleisch, gewürfelt
15 ml/1 EL Sojasauce
15 ml/1 EL Reiswein oder trockener Sherry
30 ml/2 EL Chilibohnenpaste

Öl erhitzen und Frühlingszwiebeln, Knoblauch, Ingwer und Salz anbraten, bis sie leicht gebräunt sind. Das Schweinefleisch hinzugeben und 2 Minuten unter Rühren braten. Sojasauce, Wein oder Sherry und Chilibohnenpaste hinzugeben und 3 Minuten unter Rühren braten.

Schweinenieren mit Zuckerschoten

Serviert 4

4 Schweinenieren, halbiert und entkernt
30 ml/2 EL Erdnussöl (Erdnussöl).
2,5 ml/½ TL Salz

1 Scheibe Ingwerwurzel, gehackt

3 Stangen Sellerie, gehackt

1 Zwiebel, gehackt

30 ml/2 EL Sojasauce

15 ml/1 EL Reiswein oder trockener Sherry

5 ml/1 TL Zucker

60 ml/4 EL Hühnerbrühe

225 g Zuckererbsen

15 ml/1 EL Speisestärke (Maisstärke)

45 ml/3 EL Wasser

Die Nieren 10 Minuten vorkochen, dann abgießen und mit kaltem Wasser abspülen. Das Öl erhitzen und das Salz und den Ingwer einige Sekunden anbraten. Fügen Sie die Nieren hinzu und braten Sie sie 30 Sekunden lang unter Rühren, bis sie mit Öl überzogen sind. Sellerie und Zwiebel dazugeben und 2 Minuten unter Rühren braten. Sojasauce, Wein oder Sherry und Zucker hinzugeben und 1 Minute unter Rühren braten. Brühe zugeben, aufkochen, abdecken und 1 Minute köcheln lassen. Die Zuckerschoten einrühren, abdecken und 1 Minute köcheln lassen. Speisestärke und Wasser mischen, dann in die Sauce rühren und köcheln lassen, bis die Sauce klar und dickflüssig wird. Sofort servieren.

Rotgekochter Schinken mit Kastanien

Für 4–6 Portionen

1,25 kg Schinken

2 Frühlingszwiebeln (Schalenzwiebeln), halbiert

2 Knoblauchzehen, zerdrückt

45 ml/3 EL brauner Zucker

30 ml/2 EL Reiswein oder trockener Sherry

60 ml/4 EL Sojasauce

450 ml/¾ pt/2 Tassen Wasser

350 g Kastanien

Schinken mit Frühlingszwiebeln, Knoblauch, Zucker, Wein oder Sherry, Sojasauce und Wasser in eine Pfanne geben. Zum Kochen bringen und zugedeckt etwa 1½ Stunden köcheln lassen, dabei den Schinken gelegentlich wenden. Die Kastanien 5 Minuten in kochendem Wasser blanchieren und dann abgießen. Zum Schinken geben, zugedeckt 1 Stunde weiter köcheln lassen, dabei den Schinken ein- bis zweimal wenden.

Frittierte Schinken- und Eierbällchen

Serviert 4

225 g geräucherter Schinken, gehackt

2 Frühlingszwiebeln (Schalenzwiebeln), gehackt

3 Eier, geschlagen

4 Scheiben altbackenes Brot

10 ml/2 EL einfaches (Allzweck-)Mehl

2,5 ml/½ TL Salz

Öl zum Frittieren

Schinken, Frühlingszwiebeln und Eier vermischen. Das Brot zu Bröseln verarbeiten und mit dem Mehl und Salz unter den Schinken mischen. Zu walnussgroßen Kugeln formen. Das Öl erhitzen und die Fleischbällchen frittieren, bis sie goldbraun sind. Auf Küchenpapier gut abtropfen lassen.

Schinken und Ananas

Serviert 4

4 getrocknete chinesische Pilze

15 ml/1 EL Erdnussöl (Erdnussöl).

1 Knoblauchzehe, zerdrückt

50 g/2 oz Wasserkastanien, in Scheiben geschnitten

50 g Bambussprossen

225 g Schinken, gehackt

225 g/8 oz Ananasstücke aus der Dose in Fruchtsaft

120 ml/4 fl oz/½ Tasse Hühnerbrühe

15 ml/1 EL Sojasauce

15 ml/1 EL Speisestärke (Maisstärke)

Die Pilze 30 Minuten in warmem Wasser einweichen und dann abgießen. Entsorgen Sie die Stiele und schneiden Sie die Kappen. Das Öl erhitzen und den Knoblauch anbraten, bis er leicht gebräunt ist. Pilze, Wasserkastanien und Bambussprossen dazugeben und 2 Minuten unter Rühren braten. Den Schinken und die abgetropften Ananasstücke dazugeben und 1 Minute unter Rühren braten. 30 ml/2 EL Saft der Ananas, den Großteil der Hühnerbrühe und die Sojasauce hinzugeben. Zum Kochen bringen, abdecken und 5 Minuten köcheln lassen. Maizena mit der restlichen Brühe verrühren und in die Sauce rühren. Unter Rühren köcheln lassen, bis die Sauce klar und dickflüssig ist.

Schinken und Spinatpfanne

Serviert 4

30 ml/2 EL Erdnussöl (Erdnussöl).

2,5 ml/½ TL Salz

1 Knoblauchzehe, gehackt

2 Frühlingszwiebeln (Frühlingszwiebeln), gehackt

225 g Schinken, gewürfelt

450 g Spinat, geraspelt

60 ml/4 EL Hühnerbrühe

15 ml/1 EL Speisestärke (Maisstärke)

15 ml/1 EL Sojasauce

45 ml/3 EL Wasser

5 ml/1 TL Zucker

Das Öl erhitzen und das Salz, den Knoblauch und die Frühlingszwiebeln anbraten, bis sie leicht gebräunt sind. Den Schinken hinzugeben und 1 Minute unter Rühren braten. Fügen Sie den Spinat hinzu und rühren Sie, bis er mit Öl überzogen ist. Bouillon dazugießen, aufkochen, zugedeckt 2 Minuten köcheln lassen, bis der Spinat zusammenzufallen beginnt. Maismehl, Sojasauce, Wasser und Zucker mischen und in die Pfanne geben. Unter Rühren köcheln lassen, bis die Sauce eindickt.

Huhn mit Bambussprossen

Serviert 4

45 ml/3 EL Erdnussöl (Erdnussöl).
1 Knoblauchzehe, zerdrückt
1 Frühlingszwiebel (Zwiebel), gehackt
1 Scheibe Ingwerwurzel, gehackt
225 g Hähnchenbrust, in Streifen geschnitten
225 g/8 oz Bambussprossen, in Streifen geschnitten
45 ml/3 EL Sojasauce
15 ml/1 EL Reiswein oder trockener Sherry
5 ml/1 TL Speisestärke (Maisstärke)

Öl erhitzen und Knoblauch, Frühlingszwiebel und Ingwer anbraten, bis sie leicht gebräunt sind. Fügen Sie das Hähnchen hinzu und braten Sie es 5 Minuten lang an. Die Bambussprossen hinzugeben und 2 Minuten unter Rühren braten. Sojasauce, Wein oder Sherry und Speisestärke einrühren und ca. 3 Minuten unter Rühren braten, bis das Hähnchen gar ist.

Gedämpfter Schinken

6–8 Portionen

900 g frischer Schinken
30 ml/2 EL brauner Zucker
60 ml/4 EL Reiswein oder trockener Sherry

Den Schinken in eine hitzebeständige Form auf ein Gitter legen, zudecken und etwa 1 Stunde über kochendem Wasser dämpfen. Zucker und Wein oder Sherry in die Form geben, abdecken und weitere 1 Stunde dämpfen oder bis der Schinken gar ist. Vor dem Anschneiden in der Schüssel abkühlen lassen.

Speck mit Kohl

Serviert 4

4 Scheiben durchwachsener Speck, geschält und gehackt

2,5 ml/½ TL Salz

1 Scheibe Ingwerwurzel, gehackt

½ Kohl, geraspelt

75 ml/5 EL Hühnerbrühe

15 ml/1 EL Austernsauce

Braten Sie den Speck knusprig und nehmen Sie ihn dann aus der Pfanne. Salz und Ingwer dazugeben und 2 Minuten unter Rühren braten. Den Kohl hinzugeben und gut umrühren, dann den Speck unterrühren und die Brühe hinzugeben, abdecken und etwa 5 Minuten köcheln lassen, bis der Kohl weich, aber noch leicht knusprig ist. Die Austernsauce einrühren, abdecken und vor dem Servieren 1 Minute köcheln lassen.

Mandel-Huhn

Für 4–6 Portionen

375 ml/13 fl oz/1½ Tassen Hühnerbrühe

60 ml/4 EL Reiswein oder trockener Sherry

45 ml/3 EL Speisestärke (Maisstärke)

15 ml/1 EL Sojasauce

4 Hähnchenbrust

1 Eiweiß

2,5 ml/½ TL Salz

Öl zum Frittieren

75 g/3 oz/½ Tasse blanchierte Mandeln

1 große Karotte, gewürfelt

5 ml/1 TL geriebene Ingwerwurzel

6 Frühlingszwiebeln (Schalenzwiebeln), in Scheiben geschnitten

3 Stangen Sellerie, in Scheiben geschnitten

100 g Champignons, in Scheiben geschnitten

100 g Bambussprossen, in Scheiben geschnitten

Die Brühe, die Hälfte des Weins oder Sherrys, 30 ml/2 EL Speisestärke und die Sojasauce in einem Topf verrühren. Unter Rühren zum Kochen bringen, dann 5 Minuten köcheln lassen, bis die Mischung eindickt. Vom Herd nehmen und warm halten.

Das Huhn von Haut und Knochen befreien und in 2,5 cm große Stücke schneiden. Restlichen Wein oder Sherry und Speisestärke, Eiweiß und Salz mischen, Hähnchenteile dazugeben und gut umrühren. Das Öl erhitzen und die Hähnchenteile nacheinander etwa 5 Minuten goldbraun braten. Gut abtropfen lassen. Entfernen Sie alles bis auf 30 ml/2 EL Öl aus der Pfanne und braten Sie die Mandeln 2 Minuten lang, bis sie goldbraun sind. Gut abtropfen lassen. Karotte und Ingwer in die Pfanne geben und 1 Minute unter Rühren braten. Das restliche Gemüse dazugeben und ca. 3 Minuten unter Rühren braten, bis das Gemüse weich, aber noch knackig ist. Geben Sie das Huhn und die Mandeln zurück in die Pfanne mit der Sauce und rühren Sie bei mäßiger Hitze einige Minuten lang um, bis sie durchgewärmt sind.

Hühnchen mit Mandeln und Wasserkastanien

Serviert 4

6 getrocknete chinesische Pilze
4 Hähnchenteile, entbeint
100 g gemahlene Mandeln
Salz und frisch gemahlener Pfeffer
60 ml/4 EL Erdnussöl (Erdnussöl).
100 g Wasserkastanien, in Scheiben geschnitten
75 ml/5 EL Hühnerbrühe
30 ml/2 EL Sojasauce

Die Pilze 30 Minuten in warmem Wasser einweichen und dann abgießen. Entsorgen Sie die Stiele und schneiden Sie die Kappen in Scheiben. Hähnchen dünn aufschneiden. Die Mandeln großzügig mit Salz und Pfeffer würzen und die Hähnchenscheiben mit den Mandeln bestreichen. Das Öl erhitzen und das Hähnchen braten, bis es leicht gebräunt ist. Champignons, Wasserkastanien, Brühe und Sojasauce zugeben, aufkochen, abdecken und einige Minuten köcheln lassen, bis das Hähnchen gar ist.

Hühnchen mit Mandeln und Gemüse

Serviert 4

75 ml/5 EL Erdnussöl (Erdnussöl).

4 Scheiben Ingwerwurzel, gehackt

5 ml/1 TL Salz

100 g Chinakohl, geraspelt

50 g Bambussprossen, gewürfelt

50 g Champignons, gewürfelt

2 Stangen Sellerie, gewürfelt

3 Wasserkastanien, gewürfelt

120 ml/4 fl oz/½ Tasse Hühnerbrühe

225 g Hähnchenbrust, gewürfelt

15 ml/1 EL Reiswein oder trockener Sherry

50 g Zuckererbsen (Zuckererbsen)

100 g Mandelblättchen, geröstet

10 ml/2 TL Speisestärke (Maisstärke)

15 ml/1 EL Wasser

Die Hälfte des Öls erhitzen und den Ingwer und das Salz 30 Sekunden lang anbraten. Kohl, Bambussprossen, Pilze, Sellerie und Wasserkastanien dazugeben und 2 Minuten unter Rühren braten. Brühe zugeben, aufkochen, zudecken und 2 Minuten köcheln lassen. Gemüse und Soße aus der Pfanne nehmen. Das restliche Öl erhitzen und das Huhn 1 Minute braten. Den Wein oder Sherry hinzugeben und 1 Minute braten. Das Gemüse mit den Zuckerschoten und den Mandeln zurück in die Pfanne geben und 30 Sekunden köcheln lassen. Speisestärke und Wasser zu einer Paste pürieren, in die Sauce einrühren und unter Rühren köcheln lassen, bis die Sauce eindickt.

Anis-Huhn

Serviert 4

75 ml/5 EL Erdnussöl (Erdnussöl).

2 Zwiebeln, gehackt

1 Knoblauchzehe, gehackt

2 Scheiben Ingwerwurzel, gehackt

15 ml/1 EL einfaches (Allzweck-)Mehl

30 ml/2 EL Currypulver

450 g Hühnchen, gewürfelt

15 ml/1 EL Zucker

30 ml/2 EL Sojasauce

450 ml/¾ pt/2 Tassen Hühnerbrühe
2 Nelken Sternanis
225 g Kartoffeln, gewürfelt

Die Hälfte des Öls erhitzen und die Zwiebeln anbraten, bis sie leicht gebräunt sind, dann aus der Pfanne nehmen. Restliches Öl erhitzen und Knoblauch und Ingwer 30 Sekunden anbraten. Mehl und Currypulver einrühren und 2 Minuten kochen lassen. Die Zwiebeln zurück in die Pfanne geben, das Hähnchen dazugeben und 3 Minuten unter Rühren braten. Zucker, Sojasauce, Brühe und Anis zugeben, aufkochen, zugedeckt 15 Minuten köcheln lassen. Die Kartoffeln zugeben, wieder aufkochen, abdecken und weitere 20 Minuten köcheln lassen, bis sie weich sind.

Hähnchen mit Aprikosen

Serviert 4

4 Hähnchenteile
Salz und frisch gemahlener Pfeffer
Prise gemahlener Ingwer
60 ml/4 EL Erdnussöl (Erdnussöl).
225 g/8 oz Aprikosen aus der Dose, halbiert
300 ml/½ pt/1¼ Tassen Süß-Sauer-Sauce
30 ml/2 EL Mandelblättchen, geröstet

Das Hähnchen mit Salz, Pfeffer und Ingwer würzen. Das Öl erhitzen und das Hähnchen braten, bis es leicht gebräunt ist. Abdecken und etwa 20 Minuten garen, bis sie weich sind, dabei gelegentlich wenden. Lassen Sie das Öl ab. Aprikosen und Sauce in die Pfanne geben, zum Kochen bringen, abdecken und etwa 5 Minuten oder bis sie durchgewärmt sind, leicht köcheln lassen. Mit Mandelblättchen garnieren.

Huhn mit Spargel

Serviert 4

45 ml/3 EL Erdnussöl (Erdnussöl).

5 ml/1 TL Salz

1 Knoblauchzehe, zerdrückt

1 Frühlingszwiebel (Zwiebel), gehackt

1 Hähnchenbrust, in Scheiben geschnitten

30 ml/2 EL schwarze Bohnensauce

350 g/12 oz Spargel, in 2,5 cm/1 Stücke geschnitten

120 ml/4 fl oz/½ Tasse Hühnerbrühe

5 ml/1 TL Zucker

15 ml/1 EL Speisestärke (Maisstärke)

45 ml/3 EL Wasser

Die Hälfte des Öls erhitzen und das Salz, den Knoblauch und die Frühlingszwiebel anbraten, bis sie leicht gebräunt sind. Fügen Sie das Hähnchen hinzu und braten Sie es, bis es leicht gefärbt ist. Fügen Sie die schwarze Bohnensauce hinzu und rühren Sie um, um das Huhn zu beschichten. Spargel, Brühe und Zucker zugeben, aufkochen, abdecken und 5 Minuten köcheln lassen, bis das Hähnchen weich ist. Speisestärke und Wasser zu einer Paste verrühren, in die Pfanne rühren und unter Rühren köcheln lassen, bis die Soße klar und eingedickt ist.

Huhn mit Auberginen

Serviert 4

225 g Hühnchen, in Scheiben geschnitten
15 ml/1 EL Sojasauce
15 ml/1 EL Reiswein oder trockener Sherry
15 ml/1 EL Speisestärke (Maisstärke)
1 Aubergine (Aubergine), geschält und in Streifen geschnitten
30 ml/2 EL Erdnussöl (Erdnussöl).
2 getrocknete rote Chilischoten
2 Knoblauchzehen, zerdrückt
75 ml/5 EL Hühnerbrühe

Legen Sie das Huhn in eine Schüssel. Sojasauce, Wein oder Sherry und Speisestärke mischen, unter das Hähnchen rühren und 30 Minuten ziehen lassen. Die Auberginen 3 Minuten in kochendem Wasser blanchieren, dann gut abtropfen lassen. Das Öl erhitzen und die Paprika braten, bis sie dunkel werden, dann herausnehmen und entsorgen. Fügen Sie den Knoblauch und das Hähnchen hinzu und braten Sie es an, bis es leicht gefärbt ist.

Bouillon und Auberginen beigeben, aufkochen, zugedeckt 3 Minuten köcheln lassen, gelegentlich umrühren.

Huhn in Schinkenhülle

Für 4–6 Portionen

225 g Hühnchen, gewürfelt

30 ml/2 EL Sojasauce

15 ml/1 EL Reiswein oder trockener Sherry

5 ml/1 TL Zucker

5 ml/1 TL Sesamöl

Salz und frisch gemahlener Pfeffer

225 g/8 oz Speckscheiben

1 Eier, leicht geschlagen

100 g einfaches (Allzweck-)Mehl

Öl zum Frittieren

4 Tomaten, in Scheiben geschnitten

Mischen Sie das Huhn mit Sojasauce, Wein oder Sherry, Zucker, Sesamöl, Salz und Pfeffer. Abdecken und 1 Stunde marinieren lassen, gelegentlich umrühren, dann das Hähnchen herausnehmen und die Marinade wegwerfen. Speck in Stücke schneiden und um die Hähnchenwürfel wickeln. Die Eier mit dem Mehl zu einem dickflüssigen Teig schlagen, ggf. etwas Milch zugeben. Tauchen Sie die Würfel in den Teig. Das Öl erhitzen und die Würfel frittieren, bis sie goldbraun und durchgegart sind. Mit Tomaten garniert servieren.

Huhn mit Sojasprossen

Serviert 4

45 ml/3 EL Erdnussöl (Erdnussöl).
1 Knoblauchzehe, zerdrückt
1 Frühlingszwiebel (Zwiebel), gehackt
1 Scheibe Ingwerwurzel, gehackt
225 g Hähnchenbrust, in Streifen geschnitten
225 g Sojasprossen
45 ml/3 EL Sojasauce
15 ml/1 EL Reiswein oder trockener Sherry
5 ml/1 TL Speisestärke (Maisstärke)

Öl erhitzen und Knoblauch, Frühlingszwiebel und Ingwer anbraten, bis sie leicht gebräunt sind. Fügen Sie das Hähnchen hinzu und braten Sie es 5 Minuten lang an. Sojasprossen hinzugeben und 2 Minuten unter Rühren braten. Sojasauce, Wein oder Sherry und Speisestärke einrühren und ca. 3 Minuten unter Rühren braten, bis das Hähnchen gar ist.

Hühnchen mit schwarzer Bohnensauce

Serviert 4

30 ml/2 EL Erdnussöl (Erdnussöl).

5 ml/1 TL Salz

30 ml/2 EL schwarze Bohnensauce

2 Knoblauchzehen, zerdrückt

450 g Hühnchen, gewürfelt

250 ml/8 fl oz/1 Tasse Brühe

1 grüne Paprika, gewürfelt

1 Zwiebel, gehackt

15 ml/1 EL Sojasauce

frisch gemahlener Pfeffer

15 ml/1 EL Speisestärke (Maisstärke)

45 ml/3 EL Wasser

Das Öl erhitzen und das Salz, die schwarzen Bohnen und den Knoblauch 30 Sekunden lang anbraten. Fügen Sie das Hähnchen hinzu und braten Sie es, bis es leicht gebräunt ist. Brühe angießen, aufkochen, zugedeckt 10 Minuten köcheln lassen. Paprika, Zwiebel, Sojasauce und Paprika zugeben, zugedeckt weitere 10 Minuten köcheln lassen. Speisestärke und Wasser zu einer Paste verrühren, in die Sauce rühren und unter Rühren köcheln lassen, bis die Sauce eindickt und das Hähnchen weich ist.

Huhn mit Brokkoli

Serviert 4

450 g Hühnerfleisch, gewürfelt

225 g Hühnerleber

45 ml/3 EL einfaches (Allzweck-)Mehl

45 ml/3 EL Erdnussöl (Erdnussöl).

1 Zwiebel, gewürfelt

1 rote Paprika, gewürfelt

1 grüne Paprika, gewürfelt

225 g Brokkoliröschen

4 Scheiben Ananas, gewürfelt

30 ml/2 EL Tomatenpüree (Paste)

30 ml/2 EL Hoisinsauce

30 ml/2 EL Honig

30 ml/2 EL Sojasauce

300 ml/½ Pt/1¼ Tassen Hühnerbrühe

10 ml/2 TL Sesamöl

Das Huhn und die Hühnerleber im Mehl wenden. Das Öl erhitzen und die Leber 5 Minuten unter Rühren braten, dann aus der Pfanne nehmen. Das Hähnchen dazugeben, zudecken und bei mäßiger Hitze 15 Minuten braten, dabei gelegentlich umrühren. Gemüse und Ananas dazugeben und 8 Minuten unter Rühren braten. Die Lebern zurück in den Wok geben, die restlichen Zutaten hinzufügen und zum Kochen bringen. Unter Rühren köcheln lassen, bis die Sauce eindickt.

Huhn mit Kohl und Erdnüssen

Serviert 4

45 ml/3 EL Erdnussöl (Erdnussöl).

30 ml/2 EL Erdnüsse

450 g Hühnchen, gewürfelt

½ Kohl, in Quadrate geschnitten

15 ml/1 EL schwarze Bohnensauce

2 rote Chilischoten, gehackt

5 ml/1 TL Salz

Etwas Öl erhitzen und die Erdnüsse einige Minuten unter ständigem Rühren anbraten. Herausnehmen, abtropfen lassen und dann zerdrücken. Das restliche Öl erhitzen und das Huhn und den Kohl braten, bis sie leicht gebräunt sind. Aus der Pfanne nehmen. Die schwarze Bohnensauce und die Chilischoten hinzufügen und 2 Minuten unter Rühren braten. Das Huhn und den Kohl mit den zerkleinerten Erdnüssen in die Pfanne geben und mit Salz würzen. Unter Rühren braten, bis es durchgewärmt ist, und dann sofort servieren.

Hähnchen mit Cashewnüssen

Serviert 4

30 ml/2 EL Sojasauce
30 ml/2 EL Speisestärke (Maisstärke)
15 ml/1 EL Reiswein oder trockener Sherry
350 g Hühnchen, gewürfelt
45 ml/3 EL Erdnussöl (Erdnussöl).
2,5 ml/½ TL Salz
2 Knoblauchzehen, zerdrückt
225 g Champignons, in Scheiben geschnitten
100 g Wasserkastanien, in Scheiben geschnitten
100 g Bambussprossen

50 g Zuckererbsen (Zuckererbsen)
225 g/8 oz/2 Tassen Cashewnüsse
300 ml/½ Pt/1¼ Tassen Hühnerbrühe

Sojasauce, Speisestärke und Wein oder Sherry verrühren, über das Hähnchen gießen, zugedeckt mindestens 1 Stunde marinieren lassen. 30 ml/2 EL Öl mit Salz und Knoblauch erhitzen und braten, bis der Knoblauch leicht gebräunt ist. Fügen Sie das Hähnchen mit der Marinade hinzu und braten Sie es 2 Minuten lang an, bis das Hähnchen leicht gebräunt ist. Champignons, Wasserkastanien, Bambussprossen und Zuckerschoten dazugeben und 2 Minuten unter Rühren braten. In der Zwischenzeit das restliche Öl in einer separaten Pfanne erhitzen und die Cashewnüsse bei sanfter Hitze einige Minuten goldbraun rösten. Mit der Brühe in die Pfanne geben, aufkochen, abdecken und 5 Minuten köcheln lassen. Wenn die Soße nicht ausreichend eingedickt ist, rühren Sie etwas Maismehl mit einem Löffel Wasser ein und rühren Sie um, bis die Soße eindickt und klar wird.

Huhn mit Kastanien

Serviert 4

225 g Hühnchen, in Scheiben geschnitten
5 ml/1 TL Salz
15 ml/1 EL Sojasauce
Öl zum Frittieren
250 ml/8 fl oz/1 Tasse Hühnerbrühe
200 g Wasserkastanien, gehackt
225 g Kastanien, gehackt
225 g Champignons, geviertelt
15 ml/1 EL gehackte frische Petersilie

Das Huhn mit Salz und Sojasauce bestreuen und gut in das Huhn einreiben. Das Öl erhitzen und das Hähnchen frittieren, bis es goldbraun ist, dann herausnehmen und abtropfen lassen. Das Hähnchen mit der Brühe in einen Topf geben, aufkochen und 5 Minuten köcheln lassen. Wasserkastanien, Esskastanien und Champignons zugeben, zugedeckt ca. 20 Minuten köcheln lassen, bis alles weich ist. Mit Petersilie garniert servieren.

Scharfes Chili-Huhn

Serviert 4

350 g Hühnerfleisch, gewürfelt

1 Ei, leicht geschlagen

10 ml/2 TL Sojasauce

2,5 ml/½ TL Speisestärke (Maisstärke)

Öl zum Frittieren

1 grüne Paprika, gewürfelt

4 Knoblauchzehen, zerdrückt

2 rote Chilischoten, geraspelt

5 ml/1 TL frisch gemahlener Pfeffer

5 ml/1 TL Weinessig

5 ml/1 TL Wasser

2,5 ml/½ TL Zucker

2,5 ml/½ TL Chiliöl

2,5 ml/½ TL Sesamöl

Das Hähnchen mit dem Ei, der Hälfte der Sojasauce und der Speisestärke mischen und 30 Minuten stehen lassen. Das Öl erhitzen und das Hähnchen frittieren, bis es goldbraun ist, dann gut abtropfen lassen. Alles bis auf 15 ml/1 EL Öl aus der Pfanne abgießen, Paprika, Knoblauch und Chilischoten hinzufügen und 30 Sekunden braten. Pfeffer, Weinessig, Wasser und Zucker zugeben und 30 Sekunden braten. Das Hähnchen wieder in die Pfanne geben und einige Minuten unter Rühren braten, bis es gar ist. Mit Chili und Sesamöl bestreut servieren.

Gebratenes Hähnchen mit Chili

Serviert 4

225 g Hühnchen, in Scheiben geschnitten

2,5 ml/½ TL Sojasauce

2,5 ml/½ TL Sesamöl

2,5 ml/½ TL Reiswein oder trockener Sherry

5 ml/1 TL Speisestärke (Maisstärke)

Salz

45 ml/3 EL Erdnussöl (Erdnussöl).

100 g Spinat

4 Frühlingszwiebeln (Frühlingszwiebeln), gehackt

2,5 ml/½ TL Chilipulver

15 ml/1 EL Wasser

1 Tomate, in Scheiben geschnitten

Das Hähnchen mit Sojasauce, Sesamöl, Wein oder Sherry, der Hälfte der Maisstärke und einer Prise Salz mischen. 30 Minuten stehen lassen. 15 ml/ 1 EL Öl erhitzen und das Hähnchen darin anbraten, bis es leicht gebräunt ist. Aus dem Wok nehmen. 15 ml/1 EL Öl erhitzen und den Spinat unter Rühren anbraten, bis er zusammengefallen ist, dann aus dem Wok nehmen. Restliches Öl erhitzen und Frühlingszwiebeln, Chilipulver, Wasser und restliche Speisestärke 2 Minuten anbraten. Hühnchen unterrühren und schnell anbraten. Den Spinat auf einer vorgewärmten Servierplatte anrichten, das Hähnchen darauf anrichten und mit Tomaten garniert servieren.

Hähnchen Chop Suey

Serviert 4

100 g chinesische Blätter, zerkleinert
100 g Bambussprossen, in Streifen geschnitten
60 ml/4 EL Erdnussöl (Erdnussöl).
3 Frühlingszwiebeln (Schalenzwiebeln), in Scheiben geschnitten
2 Knoblauchzehen, zerdrückt
1 Scheibe Ingwerwurzel, gehackt
225 g Hähnchenbrust, in Streifen geschnitten
45 ml/3 EL Sojasauce
15 ml/1 EL Reiswein oder trockener Sherry
5 ml/1 TL Salz
2,5 ml/½ TL Zucker

frisch gemahlener Pfeffer
15 ml/1 EL Speisestärke (Maisstärke)

Die Chinablätter und Bambussprossen 2 Minuten in kochendem Wasser blanchieren. Abtropfen lassen und trocken tupfen. 45 ml/3 EL Öl erhitzen und Zwiebeln, Knoblauch und Ingwer anbraten, bis sie leicht gebräunt sind. Fügen Sie das Hähnchen hinzu und braten Sie es 4 Minuten lang an. Aus der Pfanne nehmen. Das restliche Öl erhitzen und das Gemüse 3 Minuten unter Rühren braten. Hühnchen, Sojasauce, Wein oder Sherry, Salz, Zucker und eine Prise Pfeffer hinzugeben und 1 Minute unter Rühren braten. Maizena mit etwas Wasser verrühren, in die Sauce rühren und unter Rühren köcheln lassen, bis die Sauce klar und eingedickt ist.

Huhn Chow Mein

Serviert 4

30 ml/2 EL Erdnussöl (Erdnussöl).
2 Knoblauchzehen, zerdrückt

450 g Hühnchen, in Scheiben geschnitten

225 g/8 oz Bambussprossen, in Scheiben geschnitten

100 g Sellerie, in Scheiben geschnitten

225 g Champignons, in Scheiben geschnitten

450 ml/¾ pt/2 Tassen Hühnerbrühe

225 g Sojasprossen

4 Zwiebeln, in Spalten geschnitten

30 ml/2 EL Sojasauce

30 ml/2 EL Speisestärke (Maisstärke)

225 g/8 oz getrocknete chinesische Nudeln

Das Öl mit dem Knoblauch erhitzen, bis es leicht golden ist, dann das Hähnchen dazugeben und 2 Minuten unter Rühren braten, bis es leicht gebräunt ist. Bambussprossen, Sellerie und Pilze zugeben und 3 Minuten unter Rühren braten. Den Großteil der Brühe angießen, aufkochen, abdecken und 8 Minuten köcheln lassen. Sojasprossen und Zwiebeln zugeben und unter Rühren 2 Minuten köcheln lassen, bis nur noch wenig Brühe übrig ist. Restliche Brühe mit Sojasauce und Speisestärke verrühren. Rühren Sie es in die Pfanne und köcheln Sie es unter Rühren, bis die Sauce klar und dickflüssig ist.

In der Zwischenzeit die Nudeln nach Packungsanweisung einige Minuten in kochendem Salzwasser garen. Gut abtropfen lassen, dann mit der Hühnermischung mischen und sofort servieren.

Knusprig gebratenes Gewürzhuhn

Serviert 4

450 g Hühnerfleisch, in Stücke geschnitten
30 ml/2 EL Sojasauce
30 ml/2 EL Pflaumensauce
45 ml/3 EL Mango-Chutney
1 Knoblauchzehe, zerdrückt
2,5 ml/½ TL gemahlener Ingwer
ein paar Tropfen Brandy
30 ml/2 EL Speisestärke (Maisstärke)
2 Eier, geschlagen
100 g/4 oz/1 Tasse getrocknete Semmelbrösel
30 ml/2 EL Erdnussöl (Erdnussöl).

6 Frühlingszwiebeln (Frühlingszwiebeln), gehackt

1 rote Paprika, gewürfelt

1 grüne Paprika, gewürfelt

30 ml/2 EL Sojasauce

30 ml/2 EL Honig

30 ml/2 EL Weinessig

Legen Sie das Huhn in eine Schüssel. Saucen, Chutney, Knoblauch, Ingwer und Brandy mischen, über das Poulet giessen, zugedeckt 2 Stunden marinieren lassen. Das Hähnchen abtropfen lassen und mit Maismehl bestäuben. In Eiern wenden, dann in Semmelbröseln. Das Öl erhitzen und das Hähnchen goldbraun braten. Aus der Pfanne nehmen. Das Gemüse zugeben und 4 Minuten braten, dann herausnehmen. Lassen Sie das Öl aus der Pfanne ab und geben Sie dann das Huhn und das Gemüse mit den restlichen Zutaten in die Pfanne. Zum Kochen bringen und vor dem Servieren erhitzen.

Gebratenes Hähnchen mit Gurke

Serviert 4

225 g Hühnerfleisch

1 Eiweiß

2,5 ml/½ TL Speisestärke (Maisstärke)

Salz

½ Gurke

30 ml/2 EL Erdnussöl (Erdnussöl).

100 g Champignons

50 g Bambussprossen, in Streifen geschnitten

50 g Schinken, gewürfelt

15 ml/1 EL Wasser

2,5 ml/½ TL Salz

2,5 ml/½ TL Reiswein oder trockener Sherry

2,5 ml/½ TL Sesamöl

Das Hühnchen in Scheiben schneiden und in Stücke schneiden. Mit Eiweiß, Speisestärke und Salz verrühren und stehen lassen. Gurke längs halbieren und schräg in dicke Scheiben schneiden. Das Öl erhitzen und das Hähnchen unter Rühren braten, bis es leicht gebräunt ist, dann aus der Pfanne nehmen. Gurke und Bambussprossen hinzufügen und 1 Minute unter Rühren braten. Das Hähnchen mit Schinken, Wasser, Salz und Wein oder Sherry wieder in die Pfanne geben. Zum Kochen bringen und köcheln lassen, bis das Huhn zart ist. Mit Sesamöl bestreut servieren.

Chili-Chicken-Curry

Serviert 4

120 ml/4 fl oz/½ Tasse Erdnussöl (Erdnussöl).

4 Hähnchenteile

1 Zwiebel, gehackt

5 ml/1 TL Currypulver

5 ml/1 TL Chilisauce

15 ml/1 EL Reiswein oder trockener Sherry

2,5 ml/½ TL Salz

600 ml/1 Pt/2½ Tassen Hühnerbrühe

15 ml/1 EL Speisestärke (Maisstärke)

45 ml/3 EL Wasser

5 ml/1 TL Sesamöl

Das Öl erhitzen und die Hähnchenteile von beiden Seiten goldbraun braten, dann aus der Pfanne nehmen. Zwiebel, Currypulver und Chilisauce dazugeben und 1 Minute unter Rühren braten. Wein oder Sherry und Salz hinzugeben, gut umrühren, dann das Hähnchen wieder in die Pfanne geben und erneut umrühren. Die Brühe hinzufügen, zum Kochen bringen und etwa 30 Minuten leicht köcheln lassen, bis das Hähnchen weich ist. Wenn die Soße nicht ausreichend reduziert ist, Speisestärke und Wasser zu einer Paste pürieren, etwas in die Soße rühren und unter Rühren köcheln lassen, bis die Soße eindickt. Mit Sesamöl bestreut servieren.

Chinesisches Hühnchen-Curry

Serviert 4

45 ml/3 EL Currypulver
1 Zwiebel, in Scheiben geschnitten
350 g Hühnchen, gewürfelt
150 ml/¼ Pt/großzügige ½ Tasse Hühnerbrühe
5 ml/1 TL Salz
10 ml/2 TL Speisestärke (Maisstärke)
15 ml/1 EL Wasser

Currypulver und Zwiebel in einer trockenen Pfanne 2 Minuten erhitzen und dabei die Pfanne schütteln, um die Zwiebel zu beschichten. Fügen Sie das Huhn hinzu und rühren Sie um, bis es gut mit Currypulver überzogen ist. Brühe und Salz hinzugeben, zum Kochen bringen, abdecken und ca. 5 Minuten köcheln lassen, bis das Hähnchen weich ist. Speisestärke und Wasser zu einer Paste verrühren, in die Pfanne rühren und unter Rühren köcheln lassen, bis die Sauce eindickt.

Schnelles Curry-Huhn

Serviert 4

450 g Hähnchenbrust, gewürfelt

45 ml/3 EL Reiswein oder trockener Sherry

50 g Maismehl (Maisstärke)

1 Eiweiß

Salz

150 ml/¼ pt/großzügig ½ Tasse Erdnussöl (Erdnussöl).

15 ml/1 EL Currypulver

10 ml/2 TL brauner Zucker

150 ml/¼ Pt/großzügige ½ Tasse Hühnerbrühe

Hähnchenwürfel und Sherry mischen. 10 ml/2 TL Speisestärke zurückbehalten. Das Eiweiß mit der restlichen Maisstärke und einer Prise Salz schlagen und dann unter das Hähnchen rühren, bis es gut bedeckt ist. Das Öl erhitzen und das Huhn braten, bis es gar und goldbraun ist. Aus der Pfanne nehmen und alles bis auf 15 ml/1 EL Öl abtropfen lassen. Beiseite gestellte Maisstärke, Currypulver und Zucker einrühren und 1 Minute braten. Brühe angießen, aufkochen und unter ständigem Rühren köcheln lassen, bis die Sauce eindickt. Geben Sie das Hähnchen wieder in die Pfanne, rühren Sie es um und erhitzen Sie es vor dem Servieren erneut.

Curryhuhn mit Kartoffeln

Serviert 4

45 ml/3 EL Erdnussöl (Erdnussöl).

2,5 ml/½ TL Salz

1 Knoblauchzehe, zerdrückt

750 g Hühnchen, gewürfelt

225 g Kartoffeln, gewürfelt

4 Zwiebeln, in Spalten geschnitten

15 ml/1 EL Currypulver

450 ml/¾ pt/2 Tassen Hühnerbrühe

225 g Champignons, in Scheiben geschnitten

Das Öl mit dem Salz und dem Knoblauch erhitzen, das Hähnchen hinzugeben und anbraten, bis es leicht gebräunt ist. Kartoffeln, Zwiebeln und Currypulver dazugeben und 2 Minuten unter Rühren braten. Die Brühe hinzufügen, zum Kochen bringen, abdecken und unter gelegentlichem Rühren etwa 20 Minuten köcheln lassen, bis das Hähnchen gar ist. Champignons dazugeben, Deckel abnehmen und weitere 10 Minuten köcheln lassen, bis sich die Flüssigkeit reduziert hat.

Frittierte Hähnchenschenkel

Serviert 4

2 große Hähnchenkeulen, ohne Knochen

2 Frühlingszwiebeln (Schalenzwiebeln)

1 Scheibe Ingwer, flach geschlagen

120 ml/4 fl oz/½ Tasse Sojasauce

5 ml/1 TL Reiswein oder trockener Sherry

Öl zum Frittieren

5 ml/1 TL Sesamöl

frisch gemahlener Pfeffer

Das Hähnchenfleisch verteilen und rundherum einritzen. 1 Frühlingszwiebel platt schlagen, die andere hacken. Die abgeflachte Frühlingszwiebel mit Ingwer, Sojasauce und Wein oder Sherry mischen. Über das Huhn gießen und 30 Minuten marinieren lassen. Herausnehmen und abtropfen lassen. Auf einen Teller auf ein Dampfgargestell legen und 20 Minuten dämpfen.

Das Öl erhitzen und das Hähnchen etwa 5 Minuten frittieren, bis es goldbraun ist. Aus der Pfanne nehmen, gut abtropfen lassen und in dicke Scheiben schneiden, dann die Scheiben auf einer vorgewärmten Servierplatte anrichten. Sesamöl erhitzen, gehackte Frühlingszwiebel und Paprika dazugeben, über das Poulet gießen und servieren.

Frittiertes Hähnchen mit Currysauce

Serviert 4

1 Ei, leicht geschlagen

30 ml/2 EL Speisestärke (Maisstärke)

25 g/1 oz/¼ Tasse einfaches (Allzweck-)Mehl

2,5 ml/½ TL Salz

225 g Hühnchen, gewürfelt

Öl zum Frittieren

30 ml/2 EL Erdnussöl (Erdnussöl).

30 ml/2 EL Currypulver

60 ml/4 EL Reiswein oder trockener Sherry

Das Ei mit Speisestärke, Mehl und Salz zu einem dicken Teig schlagen. Über das Huhn gießen und gut umrühren, um es zu beschichten. Das Öl erhitzen und das Hähnchen frittieren, bis es goldbraun und durchgegart ist. In der Zwischenzeit das Öl erhitzen und das Currypulver 1 Minute anbraten. Wein oder Sherry einrühren und aufkochen. Legen Sie das Hähnchen auf einen vorgewärmten Teller und gießen Sie die Currysauce darüber.

Betrunkenes Huhn

Serviert 4

450 g Hähnchenfilet, in Stücke geschnitten

60 ml/4 EL Sojasauce

30 ml/2 EL Hoisinsauce

30 ml/2 EL Pflaumensauce

30 ml/2 EL Weinessig

2 Knoblauchzehen, zerdrückt

Prise Salz

einige Tropfen Chiliöl

2 Eiweiß

60 ml/4 EL Speisestärke (Maisstärke)

Öl zum Frittieren

200 ml/½ pt/1 ¼ Tassen Reiswein oder trockener Sherry

Legen Sie das Huhn in eine Schüssel. Saucen und Weinessig, Knoblauch, Salz und Chiliöl mischen, über das Poulet gießen und 4 Stunden im Kühlschrank marinieren. Das Eiweiß steif schlagen und die Speisestärke unterheben. Das Huhn aus der Marinade nehmen und mit der Eiweißmischung bestreichen. Das Öl erhitzen und das Hähnchen frittieren, bis es gar und goldbraun ist. Auf Küchenpapier gut abtropfen lassen und in eine Schüssel geben. Wein oder Sherry darübergießen, abdecken und 12 Stunden im Kühlschrank marinieren lassen. Das Huhn aus dem Wein nehmen und kalt servieren.

Pikantes Huhn mit Eiern

Serviert 4

30 ml/2 EL Erdnussöl (Erdnussöl).

4 Hähnchenteile

2 Frühlingszwiebeln (Frühlingszwiebeln), gehackt

1 Knoblauchzehe, zerdrückt

1 Scheibe Ingwerwurzel, gehackt

175 ml/6 fl oz/¾ Tasse Sojasauce

30 ml/2 EL Reiswein oder trockener Sherry

30 ml/2 EL brauner Zucker

5 ml/1 TL Salz

375 ml/13 fl oz/1½ Tassen Wasser

4 hart gekochte (hart gekochte) Eier

15 ml/1 EL Speisestärke (Maisstärke)

Das Öl erhitzen und die Hähnchenteile goldbraun braten. Frühlingszwiebeln, Knoblauch und Ingwer dazugeben und 2 Minuten braten. Sojasauce, Wein oder Sherry, Zucker und Salz hinzugeben und gut verrühren. Das Wasser hinzufügen und zum Kochen bringen, abdecken und 20 Minuten köcheln lassen. Die hartgekochten Eier zugeben, zugedeckt weitere 15 Minuten garen. Maizena mit etwas Wasser verrühren, in die Sauce rühren und unter Rühren köcheln lassen, bis die Sauce klar und eingedickt ist.

Hühnereierbrötchen

Serviert 4

4 getrocknete chinesische Pilze
100 g Hühnchen, in Streifen geschnitten
5 ml/1 TL Speisestärke (Maisstärke)
15 ml/1 EL Sojasauce

2,5 ml/½ TL Salz

2,5 ml/½ TL Zucker

60 ml/4 EL Erdnussöl (Erdnussöl).

225 g Sojasprossen

3 Frühlingszwiebeln (Schalenzwiebeln), gehackt

100 g Spinat

12 Frühlingsrollenhäute

1 Ei, geschlagen

Öl zum Frittieren

Die Pilze 30 Minuten in warmem Wasser einweichen und dann abgießen. Entsorgen Sie die Stiele und hacken Sie die Kappen. Legen Sie das Huhn in eine Schüssel. Speisestärke mit 5 ml/1 TL Sojasauce, Salz und Zucker mischen und unter das Hähnchen rühren. 15 Minuten stehen lassen. Die Hälfte des Öls erhitzen und das Hähnchen unter Rühren braten, bis es leicht gebräunt ist. Die Sojasprossen 3 Minuten in kochendem Wasser blanchieren und dann abgießen. Das restliche Öl erhitzen und die Frühlingszwiebeln anbraten, bis sie leicht gebräunt sind. Pilze, Sojasprossen, Spinat und restliche Sojasauce unterrühren. Fügen Sie das Huhn hinzu und braten Sie es 2 Minuten lang an. Abkühlen lassen. Etwas Füllung auf die Mitte jeder Haut geben und die Ränder mit verquirltem Ei bestreichen. Die Seiten einklappen, dann die Frühlingsrollen aufrollen und die Ränder mit Ei versiegeln. Das Öl erhitzen und die Frühlingsrollen frittieren, bis sie knusprig und goldbraun sind.

Geschmortes Huhn mit Eiern

Serviert 4

30 ml/2 EL Erdnussöl (Erdnussöl).

4 Hähnchenbrustfilets, in Streifen geschnitten

1 rote Paprika, in Streifen geschnitten

1 grüne Paprika, in Streifen geschnitten

45 ml/3 EL Sojasauce

45 ml/3 EL Reiswein oder trockener Sherry

250 ml/8 fl oz/1 Tasse Hühnerbrühe

100 g Eisbergsalat, zerkleinert

5 ml/1 TL brauner Zucker

30 ml/2 EL Hoisinsauce

Salz und Pfeffer

15 ml/1 EL Speisestärke (Maisstärke)

30 ml/2 EL Wasser

4 Eier

30 ml/2 EL Sherry

Das Öl erhitzen und das Hähnchen und die Paprika goldbraun braten. Sojasauce, Wein oder Sherry und Brühe zugeben, aufkochen, zugedeckt 30 Minuten köcheln lassen. Salat, Zucker und Hoisinsauce dazugeben und mit Salz und Pfeffer abschmecken. Maizena und Wasser verrühren, in die Sauce rühren und unter Rühren aufkochen. Die Eier mit dem Sherry verquirlen und als dünne Omeletts braten. Mit Salz und Pfeffer bestreuen und in Streifen zupfen. In einer vorgewärmten Servierschüssel anrichten und über das Huhn geben.

Fernöstliches Huhn

Serviert 4

60 ml/4 EL Erdnussöl (Erdnussöl).

450 g Hühnerfleisch, in Stücke geschnitten

2 Knoblauchzehen, zerdrückt

2,5 ml/½ TL Salz

2 Zwiebeln, gehackt

2 Stück Stängel Ingwer, gehackt

45 ml/3 EL Sojasauce

30 ml/2 EL Hoisinsauce

45 ml/3 EL Reiswein oder trockener Sherry

300 ml/½ Pt/1¼ Tassen Hühnerbrühe

5 ml/1 TL frisch gemahlener Pfeffer

6 hart gekochte (hart gekochte) Eier, gehackt

15 ml/1 EL Speisestärke (Maisstärke)

15 ml/1 EL Wasser

Das Öl erhitzen und das Hähnchen goldbraun braten. Knoblauch, Salz, Zwiebeln und Ingwer dazugeben und 2 Minuten braten. Sojasauce, Hoisinsauce, Wein oder Sherry, Brühe und Pfeffer hinzugeben. Zum Kochen bringen, abdecken und 30 Minuten köcheln lassen. Fügen Sie die Eier hinzu. Maizena und Wasser mischen und in die Sauce rühren. Zum Kochen bringen und unter Rühren köcheln lassen, bis die Sauce eindickt.

Huhn Foo Yung

Serviert 4

6 Eier, geschlagen

45 ml/3 EL Speisestärke (Maisstärke)

100 g Champignons, grob gehackt

225 g Hähnchenbrust, gewürfelt

1 Zwiebel, fein gehackt

5 ml/1 TL Salz

45 ml/3 EL Erdnussöl (Erdnussöl).

Die Eier aufschlagen und dann die Speisestärke unterschlagen. Alle restlichen Zutaten bis auf das Öl unterrühren. Erhitze das Öl. Gießen Sie die Mischung nach und nach in die Pfanne, um kleine Pfannkuchen mit einem Durchmesser von etwa 7,5 cm herzustellen. Braten, bis der Boden goldbraun ist, dann wenden und die andere Seite braten.

Schinken und Huhn Foo Yung

Serviert 4

6 Eier, geschlagen

45 ml/3 EL Speisestärke (Maisstärke)

100 g Schinken, gewürfelt

225 g Hähnchenbrust, gewürfelt

3 Frühlingszwiebeln (Frühlingszwiebeln), fein gehackt

5 ml/1 TL Salz

45 ml/3 EL Erdnussöl (Erdnussöl).

Die Eier aufschlagen und dann die Speisestärke unterschlagen. Alle restlichen Zutaten bis auf das Öl unterrühren. Erhitze das Öl. Gießen Sie die Mischung nach und nach in die Pfanne, um kleine Pfannkuchen mit einem Durchmesser von etwa 7,5 cm herzustellen. Braten, bis der Boden goldbraun ist, dann wenden und die andere Seite braten.

Frittiertes Hähnchen mit Ingwer

Serviert 4

1 Huhn, halbiert
4 Scheiben Ingwerwurzel, zerdrückt
30 ml/2 EL Reiswein oder trockener Sherry
30 ml/2 EL Sojasauce
5 ml/1 TL Zucker
Öl zum Frittieren

Legen Sie das Huhn in eine flache Schüssel. Ingwer, Wein oder Sherry, Sojasauce und Zucker mischen, über das Hähnchen gießen und in die Haut einreiben. 1 Stunde marinieren lassen. Das Öl erhitzen und das Hühnchen halbweise frittieren, bis es leicht gebräunt ist. Aus dem Öl nehmen und etwas abkühlen lassen, während Sie das Öl erneut erhitzen. Das Hähnchen wieder in die Pfanne geben und frittieren, bis es goldbraun und durchgegart ist. Vor dem Servieren gut abtropfen lassen.

Ingwer-Huhn

Serviert 4

225 g Hühnchen, in dünne Scheiben geschnitten
1 Eiweiß
Prise Salz
2,5 ml/½ TL Speisestärke (Maisstärke)
15 ml/1 EL Erdnussöl (Erdnussöl).
10 Scheiben Ingwerwurzel
6 Pilze, halbiert
1 Karotte, in Scheiben geschnitten
2 Frühlingszwiebeln (Frühlingszwiebeln), in Scheiben geschnitten
5 ml/1 TL Reiswein oder trockener Sherry
5 ml/1 TL Wasser
2,5 ml/½ TL Sesamöl

Das Hähnchen mit Eiweiß, Salz und Speisestärke mischen. Die Hälfte des Öls erhitzen und das Huhn anbraten, bis es leicht gebräunt ist, dann aus der Pfanne nehmen. Restliches Öl erhitzen und Ingwer, Champignons, Karotte und Frühlingszwiebeln 3 Minuten anbraten. Das Hähnchen mit Wein oder Sherry und

Wasser in die Pfanne geben und köcheln lassen, bis das Hähnchen zart ist. Mit Sesamöl bestreut servieren.

Ingwerhuhn mit Pilzen und Kastanien

Serviert 4

60 ml/4 EL Erdnussöl (Erdnussöl).
225 g Zwiebeln, in Scheiben geschnitten
450 g Hühnerfleisch, gewürfelt
100 g Champignons, in Scheiben geschnitten
30 ml/2 EL einfaches (Allzweck-)Mehl
60 ml/4 EL Sojasauce
10 ml/2 TL Zucker
Salz und frisch gemahlener Pfeffer
900 ml/1½ pt/3¾ Tassen heißes Wasser
2 Scheiben Ingwerwurzel, gehackt
450 g Wasserkastanien

Die Hälfte des Öls erhitzen und die Zwiebeln 3 Minuten braten, dann aus der Pfanne nehmen. Das restliche Öl erhitzen und das Hähnchen braten, bis es leicht gebräunt ist.

Die Pilze hinzugeben und 2 Minuten kochen. Die Mischung mit Mehl bestäuben, dann Sojasauce, Zucker, Salz und Pfeffer einrühren. Gießen Sie das Wasser und den Ingwer, die Zwiebeln und die Kastanien hinein. Zum Kochen bringen, abdecken und 20 Minuten leicht köcheln lassen. Den Deckel abnehmen und leicht köcheln lassen, bis die Sauce reduziert ist.

Goldenes Huhn

Serviert 4

8 kleine Hühnchenstücke

300 ml/½ Pt/1¼ Tassen Hühnerbrühe

45 ml/3 EL Sojasauce

15 ml/1 EL Reiswein oder trockener Sherry

5 ml/1 TL Zucker

1 in Scheiben geschnittene Ingwerwurzel, gehackt

Alle Zutaten in eine große Pfanne geben, zum Kochen bringen, abdecken und ca. 30 Minuten köcheln lassen, bis das Hähnchen durchgegart ist. Den Deckel abnehmen und weiter köcheln lassen, bis die Sauce reduziert ist.

Marinierter goldener Hühnereintopf

Serviert 4

4 Hähnchenteile

300 ml/½ Pt/1¼ Tassen Sojasauce

Öl zum Frittieren

4 Frühlingszwiebeln (Schalenzwiebeln), in dicke Scheiben geschnitten

1 Scheibe Ingwerwurzel, gehackt

2 rote Chilischoten, in Scheiben geschnitten

3 Nelken Sternanis

50 g Bambussprossen, in Scheiben geschnitten

150 ml/1½ Pt/großzügige ½ Tasse Hühnerbrühe

30 ml/2 EL Speisestärke (Maisstärke)

60 ml/4 EL Wasser

5 ml/1 TL Sesamöl

Das Hähnchen in große Stücke schneiden und 10 Minuten in der Sojasauce marinieren. Herausnehmen und abtropfen lassen, die Sojasauce aufbewahren. Das Öl erhitzen und das Hähnchen ca. 2 Minuten frittieren, bis es leicht gebräunt ist. Herausnehmen und abtropfen lassen. Alles bis auf 30 ml/2 EL Öl abgießen, dann Frühlingszwiebeln, Ingwer, Chilischoten und Sternanis dazugeben und 1 Minute braten. Geben Sie das Huhn mit den Bambussprossen und der zurückbehaltenen Sojasauce in die Pfanne und fügen Sie gerade genug Brühe hinzu, um das Huhn zu bedecken. Zum Kochen bringen und etwa 10 Minuten köcheln lassen, bis das Hähnchen weich ist. Das Hähnchen mit einer Schaumkelle aus der Sauce nehmen und auf einer vorgewärmten Servierplatte anrichten. Die Sauce abseihen und wieder in die Pfanne geben. Speisestärke und Wasser zu einer Paste verrühren, in die Sauce rühren und unter Rühren köcheln lassen, bis die Sauce eindickt.

Goldene Münzen

Serviert 4

4 Hähnchenbrustfilets
30 ml/2 EL Honig
30 ml/2 EL Weinessig
30 ml/2 EL Tomatenketchup (Katsup)
30 ml/2 EL Sojasauce
Prise Salz
2 Knoblauchzehen, zerdrückt
5 ml/1 TL Fünf-Gewürze-Pulver
45 ml/3 EL einfaches (Allzweck-)Mehl
2 Eier, geschlagen
5 ml/1 TL geriebene Ingwerwurzel
5 ml/1 TL abgeriebene Zitronenschale
100 g/4 oz/1 Tasse getrocknete Semmelbrösel
Öl zum Frittieren

Das Huhn in eine Schüssel geben. Honig, Weinessig, Tomatenketchup, Sojasauce, Salz, Knoblauch und Fünf-

Gewürze-Pulver verrühren. Über das Hähnchen gießen, gut umrühren, abdecken und 12 Stunden im Kühlschrank marinieren.

Hähnchen aus der Marinade nehmen und in fingerdicke Streifen schneiden. Mit Mehl bestäuben. Eier, Ingwer und Zitronenschale schlagen. Das Huhn in der Mischung und dann in den Semmelbröseln wenden, bis es gleichmäßig bedeckt ist. Das Öl erhitzen und das Hähnchen goldbraun frittieren.

Gedünstetes Hähnchen mit Schinken

Serviert 4

4 Portionen Hähnchen
100 g geräucherter Schinken, gehackt
3 Frühlingszwiebeln (Schalenzwiebeln), gehackt
15 ml/1 EL Erdnussöl (Erdnussöl).
Salz und frisch gemahlener Pfeffer
15 ml/1 EL glattblättrige Petersilie

Die Hähnchenteile in 5 cm große Stücke schneiden und mit dem Schinken und den Frühlingszwiebeln in eine ofenfeste Schüssel geben. Mit Öl beträufeln und mit Salz und Pfeffer würzen, dann die Zutaten vorsichtig miteinander vermengen. Stellen Sie die Schüssel auf ein Gestell in einem Dampfgarer, decken Sie sie ab und dämpfen Sie sie etwa 40 Minuten lang über kochendem Wasser, bis das Hähnchen weich ist. Mit Petersilie garniert servieren.

Hühnchen mit Hoisin-Sauce

Serviert 4

4 Hühnchenportionen, halbiert
50 g/2 oz/½ Tasse Maismehl (Maisstärke)
Öl zum Frittieren
10 ml/2 TL geriebene Ingwerwurzel
2 Zwiebeln, gehackt
225 g Brokkoliröschen
1 rote Paprika, gehackt
225 g Champignons
250 ml/8 fl oz/1 Tasse Hühnerbrühe
45 ml/3 EL Reiswein oder trockener Sherry
45 ml/3 EL Apfelessig
45 ml/3 EL Hoisinsauce
20 ml/4 TL Sojasauce

Die Hähnchenteile mit der Hälfte der Speisestärke bestreichen. Das Öl erhitzen und die Hähnchenstücke nacheinander etwa 8

Minuten braten, bis sie goldbraun und durchgegart sind. Aus der Pfanne nehmen und auf Küchenpapier abtropfen lassen. Entfernen Sie alles bis auf 30 ml/2 EL Öl aus der Pfanne und braten Sie den Ingwer 1 Minute lang unter Rühren an. Die Zwiebeln hinzugeben und 1 Minute mitdünsten. Brokkoli, Paprika und Champignons dazugeben und 2 Minuten unter Rühren braten. Die Brühe mit der beiseitegelegten Maisstärke und den restlichen Zutaten mischen und in die Pfanne geben. Zum Kochen bringen, umrühren und kochen, bis die Sauce klar ist. Das Hähnchen wieder in den Wok geben und unter Rühren etwa 3 Minuten garen, bis es durchgewärmt ist.

Honig Huhn

Serviert 4

30 ml/2 EL Erdnussöl (Erdnussöl).

4 Hähnchenteile

30 ml/2 EL Sojasauce

120 ml/4 fl oz/½ Tasse Reiswein oder trockener Sherry

30 ml/2 EL Honig

5 ml/1 TL Salz

1 Frühlingszwiebel (Zwiebel), gehackt

1 Scheibe Ingwerwurzel, fein gehackt

Das Öl erhitzen und das Hähnchen anbraten, bis es von allen Seiten gebräunt ist. Überschüssiges Öl ablassen. Die restlichen Zutaten vermischen und in die Pfanne geben. Zum Kochen bringen, abdecken und etwa 40 Minuten köcheln lassen, bis das Hähnchen gar ist.

Kung Pao Hühnerfleisch

Serviert 4

450 g Hühnchen, gewürfelt

1 Eiweiß

5 ml/1 TL Salz

30 ml/2 EL Speisestärke (Maisstärke)

60 ml/4 EL Erdnussöl (Erdnussöl).

25 g/1 oz getrocknete rote Chilischoten, getrimmt

5 ml/1 TL gehackter Knoblauch

15 ml/1 EL Sojasauce

15 ml/1 EL Reiswein oder trockener Sherry 5 ml/1 TL Zucker

5 ml/1 TL Weinessig

5 ml/1 TL Sesamöl

30 ml/2 EL Wasser

Das Hähnchen mit Eiweiß, Salz und der Hälfte der Speisestärke in eine Schüssel geben und 30 Minuten marinieren lassen. Das Öl erhitzen und das Hähnchen braten, bis es leicht gebräunt ist, dann aus der Pfanne nehmen. Das Öl erneut erhitzen und die Chilischoten und den Knoblauch 2 Minuten lang anbraten. Das Hähnchen mit Sojasauce, Wein oder Sherry, Zucker, Weinessig und Sesamöl wieder in die Pfanne geben und 2 Minuten unter Rühren braten. Die restliche Speisestärke mit dem Wasser mischen, in die Pfanne rühren und unter Rühren köcheln lassen, bis die Sauce klar und eingedickt ist.

Huhn mit Lauch

Serviert 4

30 ml/2 EL Erdnussöl (Erdnussöl).

5 ml/1 TL Salz

225 g Lauch, in Scheiben geschnitten

1 Scheibe Ingwerwurzel, gehackt

225 g Hühnchen, in dünne Scheiben geschnitten

15 ml/1 EL Reiswein oder trockener Sherry

15 ml/1 EL Sojasauce

Die Hälfte des Öls erhitzen und das Salz und den Lauch braten, bis sie leicht gebräunt sind, dann aus der Pfanne nehmen. Das restliche Öl erhitzen und den Ingwer und das Hähnchen braten, bis sie leicht gebräunt sind. Wein oder Sherry und Sojasauce dazugeben und weitere 2 Minuten braten, bis das Hähnchen gar ist. Den Lauch wieder in die Pfanne geben und umrühren, bis er durchgewärmt ist. Sofort servieren.

Zitronenhähnchen

Serviert 4

4 entbeinte Hähnchenbrust

2 Eier

50 g/2 oz/½ Tasse Maismehl (Maisstärke)

50 g/2 oz/½ Tasse einfaches (Allzweck-)Mehl

150 ml/¼ pt/großzügig ½ Tasse Wasser

Erdnussöl zum Frittieren

250 ml/8 fl oz/1 Tasse Hühnerbrühe

60 ml/5 EL Zitronensaft

30 ml/2 EL Reiswein oder trockener Sherry

30 ml/2 EL Speisestärke (Maisstärke)

30 ml/2 EL Tomatenpüree (Paste)

1 Kopfsalat

Jede Hähnchenbrust in 4 Stücke schneiden. Schlagen Sie die Eier, die Maisstärke und das Mehl und fügen Sie gerade genug Wasser hinzu, um einen dicken Teig zu machen. Legen Sie die Hähnchenteile in den Teig und rühren Sie, bis sie vollständig bedeckt sind. Das Öl erhitzen und das Hähnchen frittieren, bis es goldbraun und durchgegart ist.

In der Zwischenzeit Brühe, Zitronensaft, Wein oder Sherry, Speisestärke und Tomatenpüree mischen und unter Rühren leicht erhitzen, bis die Mischung zum Kochen kommt. Unter ständigem Rühren leicht köcheln lassen, bis die Sauce eindickt und klar wird. Das Hühnchen auf einer vorgewärmten Servierplatte auf einem Bett aus Salatblättern anrichten und entweder mit der Sauce übergießen oder separat servieren.

Zitronen-Hähnchenpfanne

Serviert 4

450 g Hühnchen ohne Knochen, in Scheiben geschnitten

30 ml/2 EL Zitronensaft

15 ml/1 EL Sojasauce

15 ml/1 EL Reiswein oder trockener Sherry

30 ml/2 EL Speisestärke (Maisstärke)

30 ml/2 EL Erdnussöl (Erdnussöl).

2,5 ml/½ TL Salz

2 Knoblauchzehen, zerdrückt

50 g Wasserkastanien, in Streifen geschnitten

50 g Bambussprossen, in Streifen geschnitten

ein paar chinesische Blätter, in Streifen geschnitten

60 ml/4 EL Hühnerbrühe

15 ml/1 EL Tomatenpüree (Paste)

15 ml/1 EL Zucker

15 ml/1 EL Zitronensaft

Legen Sie das Huhn in eine Schüssel. Zitronensaft, Sojasauce, Wein oder Sherry und 15 ml/1 EL Speisestärke verrühren, über das Hähnchen gießen und 1 Stunde marinieren lassen, gelegentlich wenden.

Öl, Salz und Knoblauch erhitzen, bis der Knoblauch leicht gebräunt ist, dann das Hähnchen und die Marinade hinzugeben und ca. 5 Minuten unter Rühren braten, bis das Hähnchen leicht gebräunt ist. Fügen Sie die Wasserkastanien, Bambussprossen und Chinablätter hinzu und braten Sie weitere 3 Minuten oder bis das Huhn gerade gar ist. Fügen Sie die restlichen Zutaten hinzu und braten Sie etwa 3 Minuten lang, bis die Sauce klar und dickflüssig ist.

Hühnerleber mit Bambussprossen

Serviert 4

225 g Hühnerleber, in dicke Scheiben geschnitten

45 ml/3 EL Reiswein oder trockener Sherry

45 ml/3 EL Erdnussöl (Erdnussöl).

15 ml/1 EL Sojasauce

100 g Bambussprossen, in Scheiben geschnitten

100 g Wasserkastanien, in Scheiben geschnitten

60 ml/4 EL Hühnerbrühe

Salz und frisch gemahlener Pfeffer

Die Hühnerleber mit dem Wein oder Sherry mischen und 30 Minuten ziehen lassen. Das Öl erhitzen und die Hühnerleber braten, bis sie leicht gebräunt sind. Marinade, Sojasauce, Bambussprossen, Wasserkastanien und Brühe hinzugeben. Zum Kochen bringen und mit Salz und Pfeffer würzen. Abdecken und etwa 10 Minuten köcheln lassen, bis sie weich sind.

Frittierte Hühnerleber

Serviert 4

450 g Hühnerleber, halbiert

50 g/2 oz/½ Tasse Maismehl (Maisstärke)

Öl zum Frittieren

Die Hühnerleber trocken tupfen, dann mit Speisestärke bestäuben und überschüssiges Mehl abschütteln. Das Öl erhitzen und die Hühnerleber einige Minuten frittieren, bis sie goldbraun und durchgegart sind. Vor dem Servieren auf Küchenpapier abtropfen lassen.

Hühnerleber mit Zuckerschoten

Serviert 4

225 g Hühnerleber, in dicke Scheiben geschnitten

10 ml/2 TL Speisestärke (Maisstärke)

10 ml/2 TL Reiswein oder trockener Sherry

15 ml/1 EL Sojasauce

45 ml/3 EL Erdnussöl (Erdnussöl).

2,5 ml/½ TL Salz

2 Scheiben Ingwerwurzel, gehackt

100 g Zuckererbsen (Zuckererbsen)

10 ml/2 TL Speisestärke (Maisstärke)

60 ml/4 EL Wasser

Die Hühnerleber in eine Schüssel geben. Maismehl, Wein oder Sherry und Sojasauce dazugeben und gut durchschwenken. Die Hälfte des Öls erhitzen und das Salz und den Ingwer anbraten, bis sie leicht gebräunt sind. Fügen Sie die Zuckerschoten hinzu und braten Sie sie an, bis sie gut mit Öl bedeckt sind, und nehmen Sie sie dann aus der Pfanne. Das restliche Öl erhitzen und die Hühnerleber 5 Minuten braten, bis sie gar sind. Speisestärke und Wasser zu einer Paste verrühren, in die Pfanne rühren und unter Rühren köcheln lassen, bis die Soße klar und eingedickt ist. Die Zuckerschoten zurück in die Pfanne geben und köcheln lassen, bis sie durchgewärmt sind.

Hühnerleber mit Nudelpfannkuchen

Serviert 4

30 ml/2 EL Erdnussöl (Erdnussöl).
1 Zwiebel, in Scheiben geschnitten
450 g Hühnerleber, halbiert
2 Stangen Sellerie, in Scheiben geschnitten
120 ml/4 fl oz/½ Tasse Hühnerbrühe
15 ml/1 EL Speisestärke (Maisstärke)
15 ml/1 EL Sojasauce
30 ml/2 EL Wasser
Nudelpfannkuchen

Das Öl erhitzen und die Zwiebel braten, bis sie weich ist. Fügen Sie die Hühnerleber hinzu und braten Sie sie an, bis sie Farbe angenommen haben. Sellerie dazugeben und 1 Minute braten. Brühe zugeben, aufkochen, abdecken und 5 Minuten köcheln lassen. Speisestärke, Sojasauce und Wasser zu einer Paste verrühren, in die Pfanne rühren und unter Rühren köcheln lassen, bis die Sauce klar und eingedickt ist. Die Mischung über den Nudelpfannkuchen gießen und servieren.

Hühnerleber mit Austernsauce

Serviert 4

45 ml/3 EL Erdnussöl (Erdnussöl).
1 Zwiebel, gehackt
225 g Hühnerleber, halbiert
100 g Champignons, in Scheiben geschnitten
30 ml/2 EL Austernsauce
15 ml/1 EL Sojasauce
15 ml/1 EL Reiswein oder trockener Sherry
120 ml/4 fl oz/½ Tasse Hühnerbrühe

5 ml/1 TL Zucker
15 ml/1 EL Speisestärke (Maisstärke)
45 ml/3 EL Wasser

Die Hälfte des Öls erhitzen und die Zwiebel glasig dünsten. Fügen Sie die Hühnerleber hinzu und braten Sie sie, bis sie gerade Farbe angenommen haben. Die Pilze dazugeben und 2 Minuten braten. Austernsauce, Sojasauce, Wein oder Sherry, Brühe und Zucker mischen, in die Pfanne geben und unter Rühren aufkochen. Speisestärke und Wasser zu einer Paste verrühren, in die Pfanne geben und unter Rühren köcheln lassen, bis die Sauce klar und dickflüssig ist und die Leber weich ist.

Hühnerleber mit Ananas

Serviert 4

225 g Hühnerleber, halbiert
45 ml/3 EL Erdnussöl (Erdnussöl).
30 ml/2 EL Sojasauce
15 ml/1 EL Speisestärke (Maisstärke)
15 ml/1 EL Zucker
15 ml/1 EL Weinessig
Salz und frisch gemahlener Pfeffer
100 g Ananasstücke
60 ml/4 EL Hühnerbrühe

Die Hühnerleber 30 Sekunden in kochendem Wasser blanchieren und dann abgießen. Das Öl erhitzen und die Hühnerleber 30 Sekunden unter Rühren braten. Sojasauce, Speisestärke, Zucker, Weinessig, Salz und Pfeffer mischen, in die Pfanne geben und gut umrühren, um die Hühnerleber damit zu bedecken. Ananasstücke und Brühe dazugeben und ca. 3 Minuten unter Rühren braten, bis die Leber gar ist.

Süß-saure Hühnerleber

Serviert 4

30 ml/2 EL Erdnussöl (Erdnussöl).
450 g Hühnerleber, geviertelt
2 grüne Paprika, in Stücke geschnitten
4 Scheiben Ananas aus der Dose, in Stücke geschnitten
60 ml/4 EL Hühnerbrühe
30 ml/2 EL Speisestärke (Maisstärke)
10 ml/2 TL Sojasauce
100 g Zucker
120 ml/4 fl oz/½ Tasse Weinessig

120 ml/4 fl oz/½ Tasse Wasser

Das Öl erhitzen und die Lebern braten, bis sie leicht gebräunt sind, dann auf eine vorgewärmte Servierplatte geben. Paprika in die Pfanne geben und 3 Minuten braten. Ananas und Brühe zugeben, aufkochen, zugedeckt 15 Minuten köcheln lassen. Die restlichen Zutaten zu einer Paste pürieren, in die Pfanne rühren und unter Rühren köcheln lassen, bis die Sauce eindickt. Über die Hühnerleber gießen und servieren.

Huhn mit Litschis

Serviert 4

3 Hähnchenbrust
60 ml/4 EL Speisestärke (Maisstärke)
45 ml/3 EL Erdnussöl (Erdnussöl).
5 Frühlingszwiebeln (Schalenzwiebeln), in Scheiben geschnitten
1 rote Paprika, in Stücke geschnitten
120 ml/4 fl oz/½ Tasse Tomatensauce
120 ml/4 fl oz/½ Tasse Hühnerbrühe
5 ml/1 TL Zucker
275 g/10 oz geschälte Litschis

Schneiden Sie die Hähnchenbrust in zwei Hälften und entfernen und entsorgen Sie die Knochen und Haut. Schneiden Sie jede Brust in 6 Teile. Reservieren Sie 5 ml/1 TL Speisestärke und schwenken Sie das Hühnchen in den Rest, bis es gut bedeckt ist. Das Öl erhitzen und das Hähnchen unter Rühren etwa 8 Minuten goldbraun braten. Frühlingszwiebeln und Paprika zugeben und 1 Minute mitbraten. Tomatensauce, die Hälfte der Brühe und den Zucker verrühren und mit den Litschis in den Wok rühren. Zum Kochen bringen, abdecken und etwa 10 Minuten köcheln lassen, bis das Hähnchen gar ist. Mischen Sie die reservierte Maisstärke und Brühe und rühren Sie sie dann in die Pfanne. Unter Rühren köcheln lassen, bis die Sauce klar und dickflüssig ist.

Hühnchen mit Litschi-Sauce

Serviert 4

225 g Hähnchen

1 Frühlingszwiebel (Zwiebel)

4 Wasserkastanien

30 ml/2 EL Speisestärke (Maisstärke)

45 ml/3 EL Sojasauce

30 ml/2 EL Reiswein oder trockener Sherry

2 Eiweiß

Öl zum Frittieren

400 g Litschis aus der Dose in Sirup
5 EL Hühnerbrühe

Hähnchen mit Frühlingszwiebeln und Wasserkastanien zerkleinern (mahlen). Die Hälfte der Speisestärke, 30 ml/2 EL Sojasauce, den Wein oder Sherry und das Eiweiß unterrühren. Die Masse zu walnussgroßen Kugeln formen. Das Öl erhitzen und das Hähnchen goldbraun frittieren. Auf Küchenpapier abtropfen lassen.

In der Zwischenzeit den Litschisirup mit der Brühe und der beiseite gestellten Sojasauce leicht erhitzen. Die restliche Speisestärke mit etwas Wasser verrühren, in die Pfanne rühren und unter Rühren köcheln lassen, bis die Sauce klar und eingedickt ist. Die Litschis einrühren und leicht köcheln lassen, um sie zu erhitzen. Das Hähnchen auf einer vorgewärmten Servierplatte anrichten, Litschis und Soße darüber gießen und sofort servieren.

Huhn mit Zuckerschoten

Serviert 4

225 g Hühnchen, in dünne Scheiben geschnitten
5 ml/1 TL Speisestärke (Maisstärke)
5 ml/1 TL Reiswein oder trockener Sherry

5 ml/1 TL Sesamöl

1 Eiweiß, leicht geschlagen

45 ml/3 EL Erdnussöl (Erdnussöl).

1 Knoblauchzehe, zerdrückt

1 Scheibe Ingwerwurzel, gehackt

100 g Zuckererbsen (Zuckererbsen)

120 ml/4 fl oz/½ Tasse Hühnerbrühe

Salz und frisch gemahlener Pfeffer

Mischen Sie das Hähnchen mit Speisestärke, Wein oder Sherry, Sesamöl und Eiweiß. Die Hälfte des Öls erhitzen und Knoblauch und Ingwer anbraten, bis sie leicht gebräunt sind. Fügen Sie das Huhn hinzu und braten Sie es, bis es goldbraun ist, und nehmen Sie es dann aus der Pfanne. Das restliche Öl erhitzen und die Zuckerschoten 2 Minuten braten. Brühe zugeben, aufkochen, zudecken und 2 Minuten köcheln lassen. Das Hähnchen wieder in die Pfanne geben und mit Salz und Pfeffer würzen. Leicht köcheln lassen, bis es durchgewärmt ist.

Hähnchen mit Mangos

Serviert 4

100 g/4 oz/1 Tasse einfaches (Allzweck-)Mehl

250 ml/8 fl oz/1 Tasse Wasser

2,5 ml/½ TL Salz

Prise Backpulver

3 Hähnchenbrust

Öl zum Frittieren

1 Scheibe Ingwerwurzel, gehackt

150 ml/¼ Pt/großzügige ½ Tasse Hühnerbrühe

45 ml/3 EL Weinessig

45 ml/3 EL Reiswein oder trockener Sherry

20 ml/4 TL Sojasauce

10 ml/2 TL Zucker

10 ml/2 TL Speisestärke (Maisstärke)

5 ml/1 TL Sesamöl

5 Frühlingszwiebeln (Schalenzwiebeln), in Scheiben geschnitten

400 g Mangos aus der Dose, abgetropft und in Streifen geschnitten

Mehl, Wasser, Salz und Backpulver verquirlen. 15 Minuten stehen lassen. Haut und Knochen vom Huhn entfernen und entsorgen. Hähnchen in dünne Streifen schneiden. Diese unter die Mehlmischung mischen. Das Öl erhitzen und das Hähnchen ca. 5 Minuten goldbraun braten. Aus der Pfanne nehmen und auf Küchenpapier abtropfen lassen. Entfernen Sie alles bis auf 15 ml/1 EL Öl aus dem Wok und braten Sie den Ingwer unter Rühren, bis er leicht gebräunt ist. Brühe mit Weinessig, Wein oder Sherry, Sojasauce, Zucker, Speisestärke und Sesamöl verrühren. In die Pfanne geben und unter Rühren zum Kochen bringen. Die Frühlingszwiebeln zugeben und 3 Minuten köcheln lassen. Hähnchen und Mangos hinzugeben und unter Rühren 2 Minuten köcheln lassen.

Mit Hühnchen gefüllte Melone

Serviert 4

350 g Hühnerfleisch

6 Wasserkastanien

2 geschälte Jakobsmuscheln

4 Scheiben Ingwerwurzel

5 ml/1 TL Salz

15 ml/1 EL Sojasauce

600 ml/1 Pt/2½ Tassen Hühnerbrühe

8 kleine oder 4 mittelgroße Cantaloupe-Melonen

Hähnchen, Kastanien, Jakobsmuscheln und Ingwer fein hacken und mit Salz, Sojasauce und Brühe mischen. Von den Melonen die Spitzen abschneiden und die Kerne herauskratzen. Oberkanten sägen. Die Melonen mit der Hühnermischung füllen und auf einem Rost in einen Dampfgarer stellen. Über kochendem Wasser 40 Minuten dämpfen, bis das Huhn gar ist.

Hähnchen-Pilz-Pfanne

Serviert 4

45 ml/3 EL Erdnussöl (Erdnussöl).
1 Knoblauchzehe, zerdrückt
1 Frühlingszwiebel (Zwiebel), gehackt
1 Scheibe Ingwerwurzel, gehackt
225 g Hähnchenbrust, in Streifen geschnitten
225 g Champignons
45 ml/3 EL Sojasauce
15 ml/1 EL Reiswein oder trockener Sherry
5 ml/1 TL Speisestärke (Maisstärke)

Öl erhitzen und Knoblauch, Frühlingszwiebel und Ingwer anbraten, bis sie leicht gebräunt sind. Fügen Sie das Hähnchen hinzu und braten Sie es 5 Minuten lang an. Die Pilze zugeben und 3 Minuten braten. Sojasauce, Wein oder Sherry und Maismehl dazugeben und ca. 5 Minuten unter Rühren braten, bis das Hähnchen durchgegart ist.

Hühnchen mit Champignons und Erdnüssen

Serviert 4

30 ml/2 EL Erdnussöl (Erdnussöl).

2 Knoblauchzehen, zerdrückt

1 Scheibe Ingwerwurzel, gehackt

450 g Hühnchen ohne Knochen, gewürfelt

225 g Champignons

100 g Bambussprossen, in Streifen geschnitten

1 grüne Paprika, gewürfelt

1 rote Paprika, gewürfelt

250 ml/8 fl oz/1 Tasse Hühnerbrühe

30 ml/2 EL Reiswein oder trockener Sherry

15 ml/1 EL Sojasauce

15 ml/1 EL Tabascosauce

30 ml/2 EL Speisestärke (Maisstärke)

30 ml/2 EL Wasser

Öl, Knoblauch und Ingwer erhitzen, bis der Knoblauch leicht golden ist. Fügen Sie das Huhn hinzu und braten Sie es an, bis es leicht gebräunt ist. Champignons, Bambussprossen und Paprika hinzugeben und 3 Minuten unter Rühren braten. Brühe, Wein oder Sherry, Sojasauce und Tabascosauce dazugeben und unter Rühren aufkochen. Zugedeckt etwa 10 Minuten köcheln lassen, bis das Hähnchen durchgegart ist. Speisestärke und Wasser verrühren und in die Sauce einrühren. Unter Rühren köcheln lassen, bis die Sauce klar und eingedickt ist, etwas mehr Brühe oder Wasser hinzufügen, wenn die Sauce zu dick ist.

Gebratenes Hähnchen mit Pilzen

Serviert 4

6 getrocknete chinesische Pilze
1 Hähnchenbrust, in dünne Scheiben geschnitten
1 Scheibe Ingwerwurzel, gehackt
2 Frühlingszwiebeln (Schalenzwiebeln), gehackt
15 ml/1 EL Speisestärke (Maisstärke)
15 ml/1 EL Reiswein oder trockener Sherry
30 ml/2 EL Wasser
2,5 ml/½ TL Salz
45 ml/3 EL Erdnussöl (Erdnussöl).
225 g Champignons, in Scheiben geschnitten
100 g Sojasprossen
15 ml/1 EL Sojasauce
5 ml/1 TL Zucker
120 ml/4 fl oz/½ Tasse Hühnerbrühe

Die Pilze 30 Minuten in warmem Wasser einweichen und dann abgießen. Entsorgen Sie die Stiele und schneiden Sie die Kappen in Scheiben. Legen Sie das Huhn in eine Schüssel. Ingwer, Frühlingszwiebeln, Speisestärke, Wein oder Sherry, Wasser und Salz mischen, unter das Poulet rühren und 1 Stunde ziehen lassen. Die Hälfte des Öls erhitzen und das Hähnchen unter

Rühren braten, bis es leicht gebräunt ist, dann aus der Pfanne nehmen. Das restliche Öl erhitzen und die getrockneten und frischen Champignons und die Sojasprossen 3 Minuten unter Rühren braten. Sojasauce, Zucker und Brühe zugeben, aufkochen, zugedeckt 4 Minuten köcheln lassen, bis das Gemüse gerade noch weich ist. Das Hähnchen wieder in die Pfanne geben, gut umrühren und vor dem Servieren vorsichtig erhitzen.

Gedünstetes Hähnchen mit Pilzen

Serviert 4

4 Hähnchenteile
30 ml/2 EL Speisestärke (Maisstärke)
30 ml/2 EL Sojasauce
3 Frühlingszwiebeln (Schalenzwiebeln), gehackt
2 Scheiben Ingwerwurzel, gehackt
2,5 ml/½ TL Salz
100 g Champignons, in Scheiben geschnitten

Die Hähnchenteile in 5 cm große Stücke schneiden und in eine ofenfeste Schüssel geben. Speisestärke und Sojasauce zu einer Paste verrühren, Frühlingszwiebeln, Ingwer und Salz unterrühren und mit dem Hähnchen gut vermischen. Pilze vorsichtig unterrühren. Stellen Sie die Schüssel auf einen Rost in einem Dampfgarer, decken Sie sie ab und dämpfen Sie sie etwa 35 Minuten lang über kochendem Wasser, bis das Hähnchen weich ist.

Huhn mit Zwiebeln

Serviert 4

60 ml/4 EL Erdnussöl (Erdnussöl).
2 Zwiebeln, gehackt
450 g Hühnchen, in Scheiben geschnitten
30 ml/2 EL Reiswein oder trockener Sherry
250 ml/8 fl oz/1 Tasse Hühnerbrühe
45 ml/3 EL Sojasauce
30 ml/2 EL Speisestärke (Maisstärke)
45 ml/3 EL Wasser

Das Öl erhitzen und die Zwiebeln anbraten, bis sie leicht gebräunt sind. Fügen Sie das Hähnchen hinzu und braten Sie es, bis es leicht gebräunt ist. Wein oder Sherry, Brühe und Sojasauce zugeben, aufkochen, abdecken und 25 Minuten köcheln lassen, bis das Hähnchen weich ist. Speisestärke und Wasser zu einer Paste verrühren, in die Pfanne rühren und unter Rühren köcheln lassen, bis die Sauce klar und dickflüssig wird.

Orangen- und Zitronenhähnchen

Serviert 4

350 g Hühnerfleisch, in Streifen geschnitten

30 ml/2 EL Erdnussöl (Erdnussöl).

2 Knoblauchzehen, zerdrückt

2 Scheiben Ingwerwurzel, gehackt

abgeriebene Schale einer ½ Orange

abgeriebene Schale einer ½ Zitrone

45 ml/3 EL Orangensaft

45 ml/3 EL Zitronensaft

15 ml/1 EL Sojasauce

3 Frühlingszwiebeln (Schalenzwiebeln), gehackt

15 ml/1 EL Speisestärke (Maisstärke)

45 ml/1 EL Wasser

Das Hähnchen 30 Sekunden in kochendem Wasser blanchieren und dann abgießen. Öl erhitzen und Knoblauch und Ingwer 30 Sekunden lang anbraten. Orangen- und Zitronenschale und -saft, Sojasauce und Frühlingszwiebeln hinzufügen und 2 Minuten unter Rühren braten. Fügen Sie das Huhn hinzu und lassen Sie es einige Minuten köcheln, bis das Huhn zart ist. Speisestärke und Wasser zu einer Paste verrühren, in die Pfanne rühren und unter Rühren köcheln lassen, bis die Sauce eindickt.

Hühnchen mit Austernsauce

Serviert 4

30 ml/2 EL Erdnussöl (Erdnussöl).

1 Knoblauchzehe, zerdrückt

1 Scheibe Ingwer, fein gehackt

450 g Hühnchen, in Scheiben geschnitten

250 ml/8 fl oz/1 Tasse Hühnerbrühe

30 ml/2 EL Austernsauce

15 ml/1 EL Reiswein oder Sherry

5 ml/1 TL Zucker

Öl mit Knoblauch und Ingwer erhitzen und anbraten, bis sie leicht gebräunt sind. Fügen Sie das Huhn hinzu und braten Sie es etwa 3 Minuten lang an, bis es leicht gebräunt ist. Brühe, Austernsauce, Wein oder Sherry und Zucker hinzugeben, unter Rühren zum Kochen bringen, dann zugedeckt etwa 15 Minuten köcheln lassen, dabei gelegentlich umrühren, bis das Hähnchen gar ist. Den Deckel abnehmen und unter Rühren etwa 4 Minuten weiterkochen, bis die Sauce reduziert und eingedickt ist.

Hühnerpakete

Serviert 4

225 g Hähnchen
30 ml/2 EL Reiswein oder trockener Sherry
30 ml/2 EL Sojasauce
Wachspapier oder Backpapier
30 ml/2 EL Erdnussöl (Erdnussöl).
Öl zum Frittieren

Das Hähnchen in 5 cm/2 große Würfel schneiden. Wein oder Sherry und Sojasauce mischen, über das Hähnchen gießen und gut umrühren. Zugedeckt 1 Stunde stehen lassen und gelegentlich umrühren. Schneiden Sie das Papier in 10 cm große Quadrate und bestreichen Sie es mit Öl. Das Huhn gut abtropfen lassen. Lege ein Blatt Papier mit einer Ecke zu dir zeigend auf die Arbeitsfläche. Legen Sie ein Stück Hühnchen auf das Quadrat direkt unter der Mitte, falten Sie die untere Ecke hoch und falten Sie es erneut hoch, um das Hähnchen zu umhüllen. Falten Sie die Seiten ein und falten Sie dann die obere Ecke nach unten, um das

Paket zu sichern. Das Öl erhitzen und die Hähnchenpäckchen ca. 5 Minuten frittieren, bis sie gar sind. Heiß in den Päckchen servieren, damit die Gäste sich selbst öffnen können.

Hähnchen mit Erdnüssen

Serviert 4

225 g Hühnchen, in dünne Scheiben geschnitten

1 Eiweiß, leicht geschlagen

10 ml/2 TL Speisestärke (Maisstärke)

45 ml/3 EL Erdnussöl (Erdnussöl).

1 Knoblauchzehe, zerdrückt

1 Scheibe Ingwerwurzel, gehackt

2 Lauch, gehackt

30 ml/2 EL Sojasauce

15 ml/1 EL Reiswein oder trockener Sherry

100 g geröstete Erdnüsse

Mischen Sie das Huhn mit dem Eiweiß und der Speisestärke, bis es gut bedeckt ist. Die Hälfte des Öls erhitzen und das Hähnchen unter Rühren goldbraun braten, dann aus der Pfanne nehmen. Das restliche Öl erhitzen und Knoblauch und Ingwer anbraten, bis sie weich sind. Den Lauch dazugeben und braten, bis er leicht gebräunt ist. Sojasauce und Wein oder Sherry einrühren und 3 Minuten köcheln lassen. Das Hähnchen mit den Erdnüssen in die Pfanne zurückgeben und leicht köcheln lassen, bis es durchgewärmt ist.

Huhn mit Erdnussbutter

Serviert 4

4 Hähnchenbrust, gewürfelt

Salz und frisch gemahlener Pfeffer

5 ml/1 TL Fünf-Gewürze-Pulver

45 ml/3 EL Erdnussöl (Erdnussöl)

1 Zwiebel, gewürfelt

2 Karotten, gewürfelt

1 Stange Sellerie, gewürfelt

300 ml/½ Pt/1¼ Tassen Hühnerbrühe

10 ml/2 TL Tomatenpüree (Paste)

100 g Erdnussbutter

15 ml/1 EL Sojasauce

10 ml/2 TL Speisestärke (Maisstärke)

Prise brauner Zucker

15 ml/1 EL gehackter Schnittlauch

Das Hähnchen mit Salz, Pfeffer und Fünf-Gewürze-Pulver würzen. Das Öl erhitzen und das Hähnchen unter Rühren braten, bis es weich ist. Aus der Pfanne nehmen. Das Gemüse dazugeben und braten, bis es weich, aber noch knackig ist. Bouillon mit den restlichen Zutaten bis auf den Schnittlauch verrühren, in die Pfanne rühren und aufkochen. Das Hähnchen wieder in die Pfanne geben und unter Rühren erneut erhitzen. Mit Zucker bestreut servieren.

Huhn mit Erbsen

Serviert 4

60 ml/4 EL Erdnussöl (Erdnussöl).

1 Zwiebel, gehackt

450 g Hühnchen, gewürfelt

Salz und frisch gemahlener Pfeffer

100 g Erbsen

2 Stangen Sellerie, gehackt

100 g Champignons, gehackt

250 ml/8 fl oz/1 Tasse Hühnerbrühe

15 ml/1 EL Speisestärke (Maisstärke)

15 ml/1 EL Sojasauce

60 ml/4 EL Wasser

Das Öl erhitzen und die Zwiebel anbraten, bis sie leicht gebräunt ist. Fügen Sie das Hähnchen hinzu und braten Sie es, bis es gefärbt ist. Mit Salz und Pfeffer würzen und Erbsen, Sellerie und Pilze dazugeben und gut umrühren. Brühe angießen, aufkochen, zugedeckt 15 Minuten köcheln lassen. Speisestärke, Sojasauce und Wasser zu einer Paste verrühren, in die Pfanne rühren und unter Rühren köcheln lassen, bis die Sauce klar und dickflüssig wird.

Peking-Huhn

Serviert 4

4 Portionen Hähnchen
Salz und frisch gemahlener Pfeffer
5 ml/1 TL Zucker
1 Frühlingszwiebel (Zwiebel), gehackt
1 Scheibe Ingwerwurzel, gehackt
15 ml/1 EL Sojasauce
15 ml/1 EL Reiswein oder trockener Sherry
15 ml/1 EL Speisestärke (Maisstärke)
Öl zum Frittieren

Die Hühnchenportionen in eine flache Schüssel geben und mit Salz und Pfeffer bestreuen. Zucker, Frühlingszwiebel, Ingwer, Sojasauce und Wein oder Sherry mischen, Hähnchen damit einreiben, zugedeckt 3 Stunden marinieren lassen. Das Huhn abtropfen lassen und mit Speisestärke bestäuben. Das Öl erhitzen und das Hähnchen frittieren, bis es goldbraun und durchgegart ist. Vor dem Servieren gut abtropfen lassen.

Huhn mit Paprika

Serviert 4

60 ml/4 EL Sojasauce
45 ml/3 EL Reiswein oder trockener Sherry
45 ml/3 EL Speisestärke (Maisstärke)
450 g Hühnchen, gehackt (gemahlen)
60 ml/4 EL Erdnussöl (Erdnussöl).
2,5 ml/½ TL Salz
2 Knoblauchzehen, zerdrückt
2 rote Paprika, gewürfelt
1 grüne Paprika, gewürfelt
5 ml/1 TL Zucker

300 ml/½ Pt/1¼ Tassen Hühnerbrühe

Mischen Sie die Hälfte der Sojasauce, die Hälfte des Weins oder Sherrys und die Hälfte der Maisstärke. Über das Huhn gießen, gut umrühren und mindestens 1 Stunde marinieren lassen. Die Hälfte des Öls mit Salz und Knoblauch erhitzen, bis der Knoblauch leicht gebräunt ist. Fügen Sie das Huhn und die Marinade hinzu und braten Sie es etwa 4 Minuten lang, bis das Huhn weiß wird, und nehmen Sie es dann aus der Pfanne. Das restliche Öl in die Pfanne geben und die Paprika 2 Minuten unter Rühren braten. Den Zucker mit der restlichen Sojasauce, dem Wein oder Sherry und der Speisestärke in die Pfanne geben und gut vermischen. Die Brühe hinzufügen, aufkochen und unter Rühren köcheln lassen, bis die Sauce eindickt. Das Hähnchen wieder in die Pfanne geben, abdecken und 4 Minuten köcheln lassen, bis das Hähnchen gar ist.

Gebratenes Hähnchen mit Paprika

Serviert 4

1 Hähnchenbrust, in dünne Scheiben geschnitten

2 Scheiben Ingwerwurzel, gehackt

2 Frühlingszwiebeln (Schalenzwiebeln), gehackt

15 ml/1 EL Speisestärke (Maisstärke)

30 ml/2 EL Reiswein oder trockener Sherry

30 ml/2 EL Wasser

2,5 ml/½ TL Salz

45 ml/3 EL Erdnussöl (Erdnussöl).

100 g Wasserkastanien, in Scheiben geschnitten

1 rote Paprika, in Streifen geschnitten
1 grüne Paprika, in Streifen geschnitten
1 gelbe Paprika, in Streifen geschnitten
30 ml/2 EL Sojasauce
120 ml/4 fl oz/½ Tasse Hühnerbrühe

Legen Sie das Huhn in eine Schüssel. Ingwer, Frühlingszwiebeln, Speisestärke, Wein oder Sherry, Wasser und Salz mischen, unter das Poulet rühren und 1 Stunde ziehen lassen. Die Hälfte des Öls erhitzen und das Hähnchen unter Rühren braten, bis es leicht gebräunt ist, dann aus der Pfanne nehmen. Das restliche Öl erhitzen und die Wasserkastanien und Paprika 2 Minuten unter Rühren braten. Sojasauce und Brühe zugeben, aufkochen, zugedeckt 5 Minuten köcheln lassen, bis das Gemüse gerade weich ist. Das Hähnchen wieder in die Pfanne geben, gut umrühren und vor dem Servieren vorsichtig erhitzen.

Huhn und Ananas

Serviert 4

30 ml/2 EL Erdnussöl (Erdnussöl).

5 ml/1 TL Salz

2 Knoblauchzehen, zerdrückt

450 g Hühnchen ohne Knochen, in dünne Scheiben geschnitten

2 Zwiebeln, in Scheiben geschnitten

100 g Wasserkastanien, in Scheiben geschnitten

100 g Ananasstücke

30 ml/2 EL Reiswein oder trockener Sherry

450 ml/¾ pt/2 Tassen Hühnerbrühe

5 ml/1 TL Zucker

frisch gemahlener Pfeffer

30 ml/2 EL Ananassaft

30 ml/2 EL Sojasauce

30 ml/2 EL Speisestärke (Maisstärke)

Öl, Salz und Knoblauch erhitzen, bis der Knoblauch hellgolden wird. Fügen Sie das Huhn hinzu und braten Sie es 2 Minuten lang an. Zwiebeln, Wasserkastanien und Ananas dazugeben und 2 Minuten unter Rühren braten. Wein oder Sherry, Brühe und Zucker hinzugeben und mit Pfeffer würzen. Zum Kochen bringen, abdecken und 5 Minuten köcheln lassen. Ananassaft, Sojasauce und Speisestärke verrühren. In die Pfanne rühren und köcheln lassen, bis die Sauce eindickt und klar wird.

Hähnchen mit Ananas und Litschis

Serviert 4

30 ml/2 EL Erdnussöl (Erdnussöl).

225 g Hühnchen, in dünne Scheiben geschnitten

1 Scheibe Ingwerwurzel, gehackt

15 ml/1 EL Sojasauce

15 ml/1 EL Reiswein oder trockener Sherry

200 g Ananasstücke aus der Dose in Sirup

200 g Litschis aus der Dose in Sirup

15 ml/1 EL Speisestärke (Maisstärke)

Das Öl erhitzen und das Hähnchen braten, bis es leicht gefärbt ist. Sojasauce und Wein oder Sherry dazugeben und gut umrühren. Messen Sie 250 ml/8 fl oz/1 Tasse des gemischten Ananas- und Litschisirups ab und behalten Sie 30 ml/2 Esslöffel bei. Den Rest in die Pfanne geben, zum Kochen bringen und einige Minuten köcheln lassen, bis das Huhn weich ist. Ananasstücke und Litschis dazugeben. Die Maisstärke mit dem beiseite gestellten Sirup mischen, in die Pfanne rühren und unter Rühren köcheln lassen, bis die Sauce klar und eingedickt ist.

Huhn mit Schweinefleisch

Serviert 4

1 Hähnchenbrust, in dünne Scheiben geschnitten
100 g mageres Schweinefleisch, in dünne Scheiben geschnitten
60 ml/4 EL Sojasauce
15 ml/1 EL Speisestärke (Maisstärke)
1 Eiweiß
45 ml/3 EL Erdnussöl (Erdnussöl).
3 Scheiben Ingwerwurzel, gehackt
50 g Bambussprossen, in Scheiben geschnitten
225 g Champignons, in Scheiben geschnitten
225 g/8 oz Chinesische Blätter, zerkleinert

120 ml/4 fl oz/½ Tasse Hühnerbrühe
30 ml/2 EL Wasser

Mischen Sie das Huhn und das Schweinefleisch. Die Sojasauce, 5 ml/1 TL Speisestärke und das Eiweiß mischen und unter das Hähnchen- und Schweinefleisch rühren. 30 Minuten stehen lassen. Die Hälfte des Öls erhitzen und Hühnchen und Schweinefleisch anbraten, bis sie leicht gebräunt sind, dann aus der Pfanne nehmen. Restliches Öl erhitzen und Ingwer, Bambussprossen, Pilze und Chinablätter anbraten, bis sie gut mit Öl überzogen sind. Brühe zugeben und zum Kochen bringen. Die Hühnermischung wieder in die Pfanne geben, abdecken und etwa 3 Minuten köcheln lassen, bis das Fleisch zart ist. Die restliche Maizena mit dem Wasser zu einer Paste pürieren, in die Sauce rühren und unter Rühren köcheln lassen, bis die Sauce eindickt. Sofort servieren.

Geschmortes Hähnchen mit Kartoffeln

Serviert 4

4 Hähnchenteile
45 ml/3 EL Erdnussöl (Erdnussöl).
1 Zwiebel, in Scheiben geschnitten
1 Knoblauchzehe, zerdrückt
2 Scheiben Ingwerwurzel, gehackt

450 ml/¾ pt/2 Tassen Wasser

45 ml/3 EL Sojasauce

15 ml/1 EL brauner Zucker

2 Kartoffeln, gewürfelt

Das Huhn in 5 cm/2 große Stücke schneiden. Öl erhitzen und Zwiebel, Knoblauch und Ingwer anbraten, bis sie leicht gebräunt sind. Fügen Sie das Hähnchen hinzu und braten Sie es, bis es leicht gebräunt ist. Wasser und Sojasauce dazugeben und zum Kochen bringen. Zucker einrühren, zugedeckt etwa 30 Minuten köcheln lassen. Die Kartoffeln in die Pfanne geben, abdecken und weitere 10 Minuten köcheln lassen, bis das Hähnchen weich und die Kartoffeln gar sind.

Fünf-Gewürze-Huhn mit Kartoffeln

Serviert 4

45 ml/3 EL Erdnussöl (Erdnussöl).

450 g Hühnchen, in Stücke geschnitten

Salz

45 ml/3 EL gelbe Bohnenpaste

45 ml/3 EL Sojasauce

5 ml/1 TL Zucker

5 ml/1 TL Fünf-Gewürze-Pulver

1 Kartoffel, gewürfelt

450 ml/¾ pt/2 Tassen Hühnerbrühe

Das Öl erhitzen und das Hähnchen unter Rühren braten, bis es leicht gebräunt ist. Mit Salz bestreuen, dann Bohnenpaste, Sojasauce, Zucker und Fünf-Gewürze-Pulver einrühren und 1 Minute unter Rühren braten. Die Kartoffel hinzufügen und gut umrühren, dann die Brühe hinzufügen, zum Kochen bringen, zudecken und etwa 30 Minuten köcheln lassen, bis sie weich sind.

Rot gekochtes Huhn

Serviert 4

450 g Hühnchen, in Scheiben geschnitten
120 ml/4 fl oz/½ Tasse Sojasauce
15 ml/1 EL Zucker
2 Scheiben Ingwerwurzel, fein gehackt
90 ml/6 EL Hühnerbrühe
30 ml/2 EL Reiswein oder trockener Sherry
4 Frühlingszwiebeln (Schalenzwiebeln), in Scheiben geschnitten

Alle Zutaten in einen Topf geben und zum Kochen bringen. Zugedeckt etwa 15 Minuten köcheln lassen, bis das Hähnchen gar ist. Den Deckel abnehmen und unter gelegentlichem Rühren etwa 5 Minuten weiter köcheln lassen, bis die Sauce eingedickt ist. Mit Frühlingszwiebeln bestreut servieren.

Hühnerfrikadellen

Serviert 4

225 g Hühnerfleisch, Hackfleisch (gemahlen)

3 Wasserkastanien, gehackt

1 Frühlingszwiebel (Zwiebel), gehackt

1 Scheibe Ingwerwurzel, gehackt

2 Eiweiß

5 ml/2 TL Salz

5 ml/1 TL frisch gemahlener Pfeffer

120 ml/4 fl oz/½ Tasse Erdnussöl (Erdnussöl).

5 ml/1 TL gehackter Schinken

Hähnchen, Kastanien, die Hälfte der Frühlingszwiebel, den Ingwer, Eiweiß, Salz und Pfeffer mischen. Zu kleinen Kugeln formen und flach drücken. Das Öl erhitzen und die Frikadellen goldbraun braten, dabei einmal wenden. Mit der restlichen Frühlingszwiebel und dem Schinken bestreut servieren.

Herzhaftes Huhn

Serviert 4

30 ml/2 EL Erdnussöl (Erdnussöl).
4 Hähnchenteile
3 Frühlingszwiebeln (Schalenzwiebeln), gehackt
2 Knoblauchzehen, zerdrückt
1 Scheibe Ingwerwurzel, gehackt
120 ml/4 fl oz/½ Tasse Sojasauce
30 ml/2 EL Reiswein oder trockener Sherry
30 ml/2 EL brauner Zucker
5 ml/1 TL Salz

375 ml/13 fl oz/1 ½ Tassen Wasser

15 ml/1 EL Speisestärke (Maisstärke)

Das Öl erhitzen und die Hähnchenteile goldbraun braten. Frühlingszwiebeln, Knoblauch und Ingwer dazugeben und 2 Minuten braten. Sojasauce, Wein oder Sherry, Zucker und Salz hinzugeben und gut verrühren. Das Wasser hinzufügen und zum Kochen bringen, abdecken und 40 Minuten köcheln lassen. Maizena mit etwas Wasser verrühren, in die Sauce rühren und unter Rühren köcheln lassen, bis die Sauce klar und eingedickt ist.

Huhn in Sesamöl

Serviert 4

90 ml/6 EL Erdnussöl (Erdnussöl).

60 ml/4 EL Sesamöl

5 Scheiben Ingwerwurzel

4 Hähnchenteile

600 ml/1 pt/2 ½ Tassen Reiswein oder trockener Sherry

5 ml/1 TL Zucker

Salz und frisch gemahlener Pfeffer

Erhitzen Sie die Öle und braten Sie den Ingwer und das Hühnchen, bis sie leicht gebräunt sind. Den Wein oder Sherry hinzugeben und mit Zucker, Salz und Pfeffer abschmecken. Zum Kochen bringen und unbedeckt leicht köcheln lassen, bis das Hähnchen weich und die Sauce reduziert ist. In Schalen servieren.

Sherry-Huhn

Serviert 4

30 ml/2 EL Erdnussöl (Erdnussöl).

4 Hähnchenteile

120 ml/4 fl oz/½ Tasse Sojasauce

500 ml/17 fl oz/2¼ Tassen Reiswein oder trockener Sherry

30 ml/2 EL Zucker

5 ml/1 TL Salz

2 Knoblauchzehen, zerdrückt

1 Scheibe Ingwerwurzel, gehackt

Das Öl erhitzen und das Hähnchen anbraten, bis es von allen Seiten gebräunt ist. Überschüssiges Öl abgießen und alle restlichen Zutaten hinzufügen. Zum Kochen bringen, zudecken und bei ziemlich hoher Hitze 25 Minuten köcheln lassen. Hitze reduzieren und weitere 15 Minuten köcheln lassen, bis das Hähnchen gar ist und die Sauce eingekocht ist.

Hähnchen mit Sojasauce

Serviert 4

350 g Hühnchen, gewürfelt

2 Frühlingszwiebeln (Frühlingszwiebeln), gehackt

3 Scheiben Ingwerwurzel, gehackt

15 ml/1 EL Speisestärke (Maisstärke)

30 ml/2 EL Reiswein oder trockener Sherry

30 ml/2 EL Wasser

45 ml/3 EL Erdnussöl (Erdnussöl).

60 ml/4 EL dicke Sojasauce

5 ml/1 TL Zucker

Poulet, Frühlingszwiebeln, Ingwer, Speisestärke, Wein oder Sherry und Wasser mischen und unter gelegentlichem Rühren 30 Minuten stehen lassen. Das Öl erhitzen und das Hähnchen etwa 3 Minuten unter Rühren braten, bis es leicht gebräunt ist. Fügen Sie die Sojasauce und den Zucker hinzu und braten Sie etwa 1 Minute lang, bis das Huhn durchgegart und zart ist.

Würzig gebackenes Hähnchen

Serviert 4

150 ml/¼ Pt/großzügige ½ Tasse Sojasauce

2 Knoblauchzehen, zerdrückt

50 g brauner Zucker

1 Zwiebel, fein gehackt

30 ml/2 EL Tomatenpüree (Paste)

1 Scheibe Zitrone, gehackt

1 Scheibe Ingwerwurzel, gehackt

45 ml/3 EL Reiswein oder trockener Sherry

4 große Hühnchenstücke

Alle Zutaten außer dem Hähnchen vermischen. Das Hähnchen in eine feuerfeste Form legen, die Mischung darüber gießen, abdecken und über Nacht marinieren, dabei gelegentlich begießen. Das Hähnchen im vorgeheizten Ofen bei 180°C/350°F/Gas Stufe 4 40 Minuten backen, gelegentlich wenden und begießen. Den Deckel abnehmen, die Ofentemperatur auf 200°C/400°F/Gas Stufe 6 erhöhen und weitere 15 Minuten garen, bis das Hähnchen gar ist.

Huhn mit Spinat

Serviert 4

100 g Hühnchen, gehackt

15 ml/1 EL Schinkenfett, gehackt

175 ml Hühnerbrühe

3 Eiweiß, leicht geschlagen

Salz

5 ml/1 TL Wasser

450 g Spinat, fein gehackt

5 ml/1 TL Speisestärke (Maisstärke)

45 ml/3 EL Erdnussöl (Erdnussöl).

Mischen Sie das Huhn, das Schinkenfett, 150 ml/¼ Pt/großzügig ½ Tasse Hühnerbrühe, das Eiweiß, 5 ml/1 TL Salz und das Wasser. Den Spinat mit der restlichen Brühe, einer Prise Salz und der Speisestärke mit etwas Wasser verrühren. Die Hälfte des Öls erhitzen, die Spinatmischung in die Pfanne geben und bei schwacher Hitze unter ständigem Rühren erhitzen. Auf eine vorgewärmte Servierplatte geben und warm halten. Das restliche Öl erhitzen und die Hühnermischung löffelweise anbraten, bis sie fest und weiß ist. Auf dem Spinat anrichten und sofort servieren.

Hähnchen-Frühlingsrollen

Serviert 4

15 ml/1 EL Erdnussöl (Erdnussöl).

Prise Salz

1 Knoblauchzehe, zerdrückt

225 g Hühnchen, in Streifen geschnitten

100 g Champignons, in Scheiben geschnitten

175 g Kohl, zerkleinert

100 g/4 oz Bambussprossen, zerkleinert

50 g/2 oz Wasserkastanien, geraspelt

100 g Sojasprossen

5 ml/1 TL Zucker

5 ml/1 TL Reiswein oder trockener Sherry

5 ml/1 TL Sojasauce

8 Frühlingsrollenhäute

Öl zum Frittieren

Öl, Salz und Knoblauch erhitzen und sanft braten, bis der Knoblauch goldgelb wird. Fügen Sie das Huhn und die Pilze hinzu und braten Sie es einige Minuten unter Rühren, bis das Huhn weiß wird. Kohl, Bambussprossen, Wasserkastanien und Sojasprossen dazugeben und 3 Minuten unter Rühren braten. Zucker, Wein oder Sherry und Sojasauce hinzufügen, gut umrühren, abdecken und letzte 2 Minuten unter Rühren braten. In ein Sieb verwandeln und abtropfen lassen.

Einige Löffel der Füllungsmischung in die Mitte jeder Frühlingsrollenhaut geben, den Boden hochklappen, die Seiten einklappen, dann nach oben rollen und die Füllung einschließen. Den Rand mit etwas Mehl-Wasser-Mischung versiegeln und 30 Minuten trocknen lassen. Das Öl erhitzen und die Frühlingsrollen ca. 10 Minuten frittieren, bis sie knusprig und goldbraun sind. Vor dem Servieren gut abtropfen lassen.

www.ingramcontent.com/pod-product-compliance
Lightning Source LLC
Chambersburg PA
CBHW071233080526
44587CB00013BA/1598